中世ヨーロッパのレシピ
Arranging the Medieval Cookery

コストマリー事務局

新紀元社

はじめに

　ゲームやアニメ、小説や漫画に描かれた、剣と魔法の世界。優雅なドレスに身を包んだ王女と王子の恋物語。非日常な世界の魅力は、子供から大人まで憧れるものです。

　西洋ファンタジーの舞台のひとつである、約1000年前のヨーロッパでは、鉄の甲冑に身を包んだ騎士たちが主君である領主・王に永遠の忠誠を誓い、戦場へと赴く姿を、家族や恋人は帰還の無事を祈り見守るしかなかった…。これは本当にあったことです。

　仮に、中世ヨーロッパの人々がなんらかの形で、私たちの住んでいる現代にタイプスリップしたとしたら、どのように見るのでしょうか？

　もちろん、文化も違えば見たこともない機械や乗り物、衣服などに驚くことでしょう。それよりももっと驚くこととしたら「かつてない自由」なのかな、と考えています。

　恋愛、勉強、人生の進路、余生の送り方。生きる糧において、「自由に選べる権利」というのは、過去の人々から見たら、何よりも欲しかったに違いありません。

　規律に縛られ、領地同士の戦いに奔走され、時には食べ物の入手もままならなかった時代。私たちの先祖は、それは苦労したのではないかと思います。

　自由な現代だからこそ、「過去の歴史の文化」を改めて見つめなおす機会を、これからも多く持つべきではないでしょうか。

　発掘された器や棺、その土地に残されたままの遺跡や廃墟と化した修道院、訪れる人が皆無な荒れた墓地。過去使われたと思われる小さな皿の1枚の中にも、人々がどのように生活していたか、数々の歴史が刻まれていたはずです。

食に関しても同じことが当てはまります。現代はさまざまな添加物や便利な加工品がひしめき合っていますが、全てが昔と違うということはありません。近年、ハーブやアーモンドミルク、イナゴ豆、ミード（蜂蜜酒）など、美容や健康によい食事療法がはやり始め、近所のスーパーでも容易に手に入るようになりました。

　これらは現代に開発されたものではなく、数百年前から存在していた食材であり、私たちの先祖も食べていたのかもしれないのです。

　紹介の仕方は異なりつつも、昔に食されていた素材に注目が再び集まり始めています。

　中世ヨーロッパで生み出された数々の料理は、激動の時代を生き抜いた人々が編み出し、今に伝えられています。当時の完全な再現はできませんが、作り方や材料のそろえ方を見るだけでも、想像と違ってくることでしょう。

　過去の人々が編み出した「食の歴史」を、この機会にぜひご自身でご体験下さい。

繻　鳳花

contents

・はじめに……2

序　章　7

COLUMN 1 中世ヨーロッパ料理は現代の調味料で代用できる！……8
COLUMN 2 中世レシピに登場する香辛料・ハーブ……14

麗しき貴族の食事　〜料理指南　序之段〜　17

- ヒポクラテスの袖……18
- 中世風サラダ……19
- クミンのスープ……20
- ヒポクラテス・ソース……21
- アスパラガスのサラダ……22
- コッド（タラ）……23
- ファンゲス……24
- レンズ豆と鶏肉の煮込み……26
- 小鳥の墓……28
- ホロホロ鳥の蒸し煮……30
- ミンチ肉のやわらか煮……32
- サーモンパイ……34
- バレンタイン祭の「ケーキ」……36
- ショートブレッド……38
- エンバーデイ・タルト……40

COLUMN 中世ヨーロッパと西洋ファンタジーの食事情比較……42

白き宝石は魅惑の甘さ　〜料理指南 二之段〜　55

- ワンパウンドケーキ……56
- レモンケーキ……58
- ケルトスタイルのショートブレッド……60
- ポーカランス……61
- ワッフル……62
- レモンのフリッター……64
- クリッピー……65
- スノー＆スノートッピング……66
- ファインケーキ……68
- サンボケード……70

COLUMN 癒しの薬草と中世の食……71

果実の恵みは後世と共に　〜料理指南　三之段〜　77

- アップルムース ……………………………………………… 78
- ラムズ・ウール ……………………………………………… 80
- リンゴのタルト ……………………………………………… 82
- ロイヤルパイクラスト ……………………………………… 84
- アニスとリンゴのタルト …………………………………… 86
- チキンソテー・オレンジソース添え ……………………… 88
- ストロベリーポタージュ …………………………………… 90
- ベリーのタルト ……………………………………………… 92
- 洋ナシのワインシロップ …………………………………… 93
- 洋ナシのコンフォート ……………………………………… 94
- COLUMN 貴婦人のそばに美しき花々あり ………………… 95

神と共に生き、神と共に食する　〜中世前期の修道院料理〜　105

- 家庭用または修道院のパン ………………………………… 106
- お肉のボール ………………………………………………… 108
- 枝豆のフリッター …………………………………………… 109

騎士が運びし文化の流入　〜中世アラブ料理〜　111

- バリダ ………………………………………………………… 112
- 王様好みのソテー …………………………………………… 114

王族の戴冠式メニュー　117

- 王に捧げる、いとも豪華な捧げもの ……………………… 118
- マジパンの装飾菓子 ………………………………………… 119
- 金のリンゴ …………………………………………………… 120
- COLUMN 1 実録・華麗なる失敗作 ………………………… 122
- COLUMN 2 イギリス・中世祭体験記 ……………………… 124

付 録 アウラの回顧録 ……………………………………… 135

- ・おわりに …………………………………………………… 150
- ・索引 ………………………………………………………… 151
- ・参考文献 …………………………………………………… 155

5

Introduction

序章

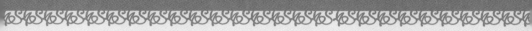

Introduction COLUMN

中世ヨーロッパ料理は現代の調味料で代用できる！

　料理に必要な調味料といえば「さしすせそ」。砂糖や塩はもちろん、お酢も時には必要、醤油と味噌は…一部日本独自のものなのでおいといて。

　中世ヨーロッパでも調味料はすべての食卓のカギでしたが、現代とは味覚というか、そのあたりの感覚は違っていたようです。

　当時の調味料として使われていたのは「スパイス・塩・ビネガー（西洋酢）・ハチミツ」が主流でした。砂糖をあえて外していますが、現代のようにそうバンバン使えるシロモノではないぐらい高価なものだったので、ここでは「スパイス」と同じくくりで扱います。

　スパイス（香辛料）は、基本的にほとんどが輸入頼りで、中世前期、十字軍の中近東遠征が大きく影響しています。

　個人的に「中世三大スパイス」と呼ぶものがあります。それは「クローブ・シナモン・ジンジャー」。

　地域によって若干異なりますが、この3種類のスパイスのうちどれかがだいたいレシピに記述されています。

　他にもたくさんのスパイスは使われていますが、いったいどれぐらい使ったのか定かではありません。そもそも、スパイス自体が高価なものばかりだったので、高額で取引される、つまり基本的に潤沢な貴族や王族がこぞって手に入れ、客人を招く宴会で豪勢に使ったことでしょう。味わうというより、ちょっとした「ワタシ、資金あるんです」というアピールにも見えます。

　対して、現代の西洋料理でよく登場する「ローズマリー・バジル・パセリ」などのハーブは、レシピ集にはそんなに記述されていませんでした。どちらかというと修道院などに保管してある「医療向けの書」に書かれている、療養食の材料として登場することがあるようです。

❧ 中世の料理集で登場するスパイス

◆ 料理向け
クローブ・シナモン・ジンジャー（中世三大スパイス）
クミン・キャラウェイ・アニス・ガーリック
ペッパー　など

◆ 料理向けだけどそれなりに高価
サフラン・プリムローズ　など

◆ あまり使わない（医療向けが多い）
ローズマリー・バジル・セージ・パセリ　など

　砂糖は、先述しましたように「スパイス」の一種としてくくっています。砂糖ももとをたどれば中近東やアジアからの輸入がメインで、中世後期になってさとうきびの生育がしやすいカナリア諸島（スペイン領）で栽培が始まったぐらいです。
　砂糖の管理方法もちょっと特殊で、丘のように盛り上げた砂糖をガチガチに固めた「シュガーローフ（Sugar loaf）」といわれる塊を少しずつ切り分けていたそうです。
　ちなみに甘味の代表はハチミツで、実際レシピ集にもチラホラ登場しています。

　塩も砂糖と同様で、高価な調味料のひとつでした。上流階級の宴会にはハイテーブル（領主クラスが座るところ）のそばに「ネフ」と呼ばれる船型（他の型もあり）の器に塩を入れ、大切に置かれていたのですから、ある意味サイドテーブルに座している客人よりエライ立場だったといえます。塩バンザイ。

　ビネガー（西洋酢）ですが、酸っぱいものを所望する人が多いのか、あるいは保

存が比較的しやすいからかもしれませんが、赤ワインビネガーを使った料理がよく登場します。

中世末期、ヨーロッパのほぼ全体で蔓延した「黒死病（ペスト）」は壊滅的な死者を出しましたが、そんな状況にもかかわらずペスト患者の家に堂々と乗り込んでは盗みを働いていた4人の盗賊がいました。彼らが使っていたのが「4人の泥棒の酢（Vinaigre des quatre Voleur）」と呼ばれるモノ。たくさんのハーブをビネガーに漬けていたものを普段から摂っていたので、病気にならずに盗み稼業にいそしんでいたようです（よくないんだけど）。オリジナルレシピは非公開ですが、ローズマリーやガーリック、ミント、シナモンなどいかにも効きそうなハーブ・スパイスを赤ワインビネガーで漬け込んだものが一般的なようです。

ビネガーがよく生産されたのはフランス中部にあるオルレアンです。かのジャンヌ・ダルクで有名な街ですね。

中世の頃から伝統的に受け継がれている「オルレアン製法」によって作られた白ワインビネガーは、最高級の味といわれています。

どうも当時のオルレアンはワインの最後の荷下ろし地だったようで、長旅ですっかり味が衰えたワインをオークの樽に入れて熟成させたのが始まりだとか（諸説あり）。

ハチミツは地域によって収穫量が異なりますが、甘味料として広く使われていました。蜜を採るだけではなく、そこから蜜ロウも生成されるため、ろうそくの生産もできました。多少手間暇がかかるのと、比較的高価なものになるので、もっぱら修道院で使われていたようです。

ハチミツ自体はヨーロッパ全般で採れていましたが、北ヨーロッパ、とりわけ現在のルーマニアやポーランド・リトアニアでは生産量が豊富だったようで、世界最古の酒といわれる「蜂蜜酒（ミード）」も数多く作られました。現代でもいくつかのミーダリー（日本でいう酒蔵）があり、濃厚な黄金色の蜂蜜酒を作っています。

さて、当時使われていた調味料についてつらつらと列記しましたが、中世ヨーロッパの料理を作るにあたり、どんなものを常備した方がいいのかをご紹介します。

◆ オリーブオイル

いわゆる植物油ならなんでもいいのですが、ヘルシー＆ライトなものでいえばオリーブオイルが万能選手です。通常のオリーブオイルの他に「エクストラヴァージンオイル（＝精製していないため風味が豊かなオイル）」というものも見かけますが、いたって普通のオリーブオイルで十分です。野外料理でダッチオーブンも使うのですが、お手入れに使うのもオリーブオイルです。

◆ 砂糖

普通のご家庭で使っている上白糖でOKです。中世の料理人が見ると「なぜそんなに使うのだ！」と言いながらぶっとびそうですが、惜しみなく使いましょう。たまに三温糖やグラニュー糖を使いますが、それでも大丈夫です。逆に氷砂糖などは結晶の塊で使いにくいので避けた方がいいでしょう。

◆ 塩

普通の精製塩でもいいのですが、中世っぽい味わいにするのであればミル（粉砕機のようなもの）つきの岩塩をオススメします。ちょっと粗めにはなりますが、料理には比較的使いやすいと思います。もし見つかるようでしたら、ほんのりピンクのローズ岩塩がベストですね。

◆ スパイス（香辛料）＆ドライハーブ

中世で使われていた軒並み高価なスパイスは、現代でも容易に入手できます。これも中世の料理人が見たら腰を抜かすかもしれませんが…。

前にありました「中世三大スパイス（クローブ・シナモン・ジンジャー）」はあった方がいいです。アニスやキャラウェイシードなどはそこまで需要が多くないのですが、現代のお菓子をよく作られる場合は使う機会も多いのであってもいいでしょう。

ドライハーブ系だと、ローズマリー・タイム・パセリあたりがあれば十分かと思います。カレーやシチューをよく作る場合はローレル（月桂樹）もあるとベストです。

　もし余裕があれば、サフランはある程度ストックしておくのがいいのですが、こちらに関しては今も昔も生産量が少ないこともあり、価格がものすごく高いので料理に使う際はごく少量入れて頂ければ十分です。

　また、ドライハーブやスパイスで「普通料理に使わないやん」というものも稀に登場するのですが、そんな時はドライハーブを量り売りで扱っているハーブショップにいくと置いてある場合があります。ハーブティに利用できるものは食用ですので、そちらを細かく砕いて使うのがいいでしょう。ただ、ハーブの中にはアロマ用など食用不可な種類も多いので、入手する時は気を付けて下さい。

　生鮮食品売り場に置いてあるフレッシュハーブは、中世ヨーロッパの貴族系料理に限定していうとあまり使いません。先述しました、「薬用としての利用」もあって、レシピ集に掲載されていないことも要因のひとつだと思います。できあがった料理にそっと添えたり、冷たい水に漬けたハーブウォーターなどに利用するのがよいでしょう。

◆ ミルク

　ミルク＝牛乳を思い浮かべる方が多いですが、中世ヨーロッパでは「アーモンドミルク」の利用が主流です。牛乳があまり用いられない理由として、保存能力があまりない（すぐ使う必要が生じる）点が挙げられます。対して、アーモンドミルクは必要な量を必要なだけ作ればいいので、無駄遣いをすることはありません。

　一般的に販売されているアーモンドミルクが一番手っ取り早く感じますが、できれば最初から作るアーモンドミルクがいいです。市販品は、いわゆる添加物が多く入っているので、本来と異なる味になる可能性もあるからです。

アーモンドミルクを自作される場合はしっかり水につける等、いくつか注意すべきこともありますので、レシピをご参照の上（p.79）チャレンジしてみて下さい。

◆ ハチミツ

ミツの種類によって味のコクがかなり左右されますが、「百花蜜（ひゃっかみつ）」と呼ばれるものですと、どのようなものでも合います。もちろん何も書かれていないハチミツでも問題ありません。

レシピの種類によっては1カップなどのものすごく大量のハチミツを使うことも稀にあるので、チューブタイプではなく、瓶詰めタイプ、またはお徳用サイズも常備しているといいのかもしれません。

風邪をひいた時は舐めると回復できますし。

◆ 醤油（魚醤）

大豆から作られる醤油は中世ヨーロッパにはありませんでしたが、近いものとして「魚醤」が古代ローマ時代から使われていました。魚醤は魚と塩を漬け込み、そこからにじみ出た液体のことで、ヨーロッパで使われた魚醤は「ガルム（garum）」と呼ばれています。こちらは、アンチョビと塩を漬け込んだもので、独特の塩辛さが特徴です。中世においては、南ヨーロッパの一部の地域で使われていたのでないかと思います。

列記すると、魚醤など一部の特殊なものを除いて、ほとんど近所のスーパーで購入できるものばかりであることが分かります。

歴史の再現料理はその時使われたものでないとダメだし、そもそも海外のものじゃないと再現できないし…という考えをもたれるのも無理はないと思います。ながらく品種改良を施した食材は仕方ないですが、スパイスや砂糖・塩などは、昔も今もそんなに劇的に変わったことはありません（値段はおおいに変わりましたが）。

近所のスーパーは立派な中世の食料庫です。積極的に活用してきましょう！

13

Introduction COLUMN2

中世レシピに登場する香辛料・ハーブ

　中世ヨーロッパの料理、とりわけ貴族や王族の宴会で欠かせない要素が「香辛料」の存在です。十字軍の中近東遠征によってもたらされた香辛料の利用は急激に拡大し、上流階級の人々はこぞって入手していたと言われています。
　香辛料はほぼ輸入に頼らざるを得ないため、もともとの値段も高いのですが、当然のごとく希少品に関しては値段が相当あがります。
　そのため、香辛料を多用した料理を多く出すということは「財力がそれだけある」ということを大々的に宣伝できることでもあったのです。本書の中でもよく登場する香辛料を列記します。

◆シナモン
　中世三大スパイスのひとつ。独特の香りが特徴。各料理の最後の香り付けという感覚で使っていたのかも。

◆ジンジャー
　中世三大スパイスのひとつ。ショウガ。ピリッとした辛さがたくさんの料理レシピに合います。

◆ナツメグ
　種子をすりおろして使用。けっこう硬いので地道にすります。

◆アニス
　お菓子系や飲み物に添えられることが多いです。

◆クローブ
　中世三大スパイスのひとつ。釘に似た形状をしており、乳鉢でつぶすと強烈な香りがしてきます。香りが強いので、魔除けのスパイスともいわれています。貴族の

女性は、自身の髪にそっとクローブの種子をしのばせていたこともあったようです。

◆ カルダモン

「スパイスの女王」ともいわれる、香りがとても強い香辛料。種子はナッツのような楕円形ですが、すりつぶすと香りが漂ってきます。

◆ キャラウェイシード

種子を使用。口の中に入れるとプチプチとした食感が味わえます。

◆ ガーリック

にんにく。ジンジャーほど多く使うことはなかったようです。

◆ ブラックペッパー

黒コショウ。あらゆる料理に使われます。

◆ グレイン・オブ・パラダイス

コショウの一種で和名「ギニアショウガ」。アフリカ大陸のガーナなどで採れますが、あまりにも貴重すぎるため生産地などの情報は当時トップシークレットだったようです。エリザベス1世もお気に入りだったようです。

◆ クミン

芳香性が強めのピリッと辛みがある香辛料。主にスープや肉料理などの味を調えるために使われたようです。

ローズマリーやタイムなどの、いわゆる「ハーブ」も料理に多用していたのではないか？　と聞かれることが多くありますが、現代ほど多く使われていたわけではなかったようです。

中世ヨーロッパにおいてのハーブ活用は、もっぱら「医療用」＝「薬」という概

15

念が大きかったようです。修道院の中庭にハーブ園を有していることが現代でも見受けられますが、病を治すための医療用料理としてハーブが多く使われていたと推測します。

　12世紀中世ドイツで修道女・薬草学者・神秘学者として活動していたヒルデガルト・フォン・ビンゲン（Hildegard von Bingen　1098-1179）が提唱した料理は、まさにその典型的な例で、ハーブに秘められた「力」をうまく調整し、人間にとってバランスのよい栄養をとることができる記録を残しています。ヒルデガルトの提唱した料理レシピの数々は薬膳料理の要素も含むため、現代でも世界中で多くの人に愛されています。

Chapter 1

麗しき貴族の食事
～料理指南　序之段～

この章で紹介する中世ヨーロッパの料理は、

- 身近にあるもので作ることができる
- そんなに難しくない
- さりげなくウンチクを語ることができる

としたら、どのようなレシピがいいかと考えたラインナップと
なっております。貴族や王族が食していたと思われる料理の
数々。当時の食への興味をもつきっかけとなるかもしれない品
を集めました。
なお、レシピ名に付随する年代と地域は、初期文献等を元に推
測したものです。

14世紀以降

ヒポクラテスの袖

イングランド他

　古代ギリシャの著名な医者・ヒポクラテスから名前をとっています。スパイスワインの一種ですが、薬用向けのスパイスが入っているため、薬用酒としても飲まれていたのかもしれません。

材料

ジンジャー（粉末）……… 小さじ1/2	砂糖……………………… 大さじ3
シナモンスティック……… 中2本	赤ワイン（辛口）………… 500ml
カルダモン（粗挽きしたもの）‥2粒	レモン…………………… 少々

作り方

1　沸騰した赤ワインにスパイスを全部入れます。軽く混ぜて砂糖を溶かします。

2　すすめる前に薄切りのレモンを入れます。

中世期全般

中世風サラダ

イングランド他（アレンジ）

中世ヨーロッパでは野菜を生で食べる習慣はあまりなく、ほとんどは煮込み・焼きなどの火を通した調理を施しています。サラダとは明記していますが、材料を見る限り生ハーブを多用しているので薬草サラダのようなものとみていいでしょう。

材料

ベビーリーフ・またはサラダ用ほうれん草 ……………………… 大1袋
フレッシュハーブ各種
（バジル・イタリアンパセリ・チャイブ等）
塩 …………………………… ひとつまみ
コショウ(粗挽きしたもの) …… 少々
★季節のエディブルフラワー(食用花)
………………………………… 適量

作り方

1 ベビーリーフとハーブは軽く水で洗い、水気を切ります。ハーブは手で適当にちぎってベビーリーフと混ぜます。大き目(深ければなおよし)の器に移します。

2 塩とコショウをふり、軽く混ぜます。

3 エディブルフラワーを散らして、器にきれいに盛ります。

★エディブルフラワー（食用花）

　大きめのスーパーで入手できることがありますが、季節によって花の種類が異なる場合があります。「見当たらないから」と、花屋さんに置いてある花は料理に使わないようにして下さい。必ず「食用」を使うこと！

19

14世紀以降

クミンのスープ

北ヨーロッパ

　クミン（cumin）はスパイスの一種で、古代エジプトから使われていた記録が残っています。強めの芳香があり、多少の苦味を伴います。摩訶不思議でスパイシーな香り故に、中世ヨーロッパの貴族や王族たちはスープにして食していたのでしょう。

材料

クミン（パウダー）	大さじ2
チキンスープストック	2カップ
チャイブまたは長ネギ	1/2本
卵	2個
黒コショウ	少々

作り方

1. チャイブ（長ネギ）は細かくちぎります。ちぎれない場合は包丁で細かくしましょう。
2. チキンスープストックを火にかけ、チャイブを入れます。
3. 煮立てたらクミンと黒コショウを入れ、味を調整します。足りない場合は塩を加えます。
4. 溶いた卵を静かに入れ、半熟程度になったら火を消して器に盛ります。決して完熟にしないこと。

15世紀以降

ヒポクラテス・ソース

北ヨーロッパ

先述の「ヒポクラテスの袖（p.18）」のソース版。赤ワインベースのソースは肉のソテーなどに添えられていたことでしょう。ミックススパイスはお好みで調整して下さい。入れすぎに注意。

材料

赤ワイン ················· 2カップ	クローブ ················ 小さじ1
ミックススパイス	ナツメグ ················ 小さじ1
ジンジャー ············· 大さじ3	（いずれもパウダー状のもの）
砂糖 ···················· 大さじ2	砂糖（調整用） ············ 大さじ1
シナモン ············ 大さじ1と1/2	

作り方

1 材料をすべて入れ、よく混ぜます。冷たい料理に添えます。

15世紀

アスパラガスのサラダ

スペイン・イタリア他

　スーパーで入手できるアスパラガスは緑色のものが多いですが、もし白いアスパラガスがあればそちらの方がいいでしょう。ドレッシングは大変シンプルで、塩は使っていません。味が物足りない場合は、できあがったサラダの上から岩塩をパラっとかける程度で大丈夫です。

材料

アスパラガス（生）
　　　………………… 2～6本

> ホワイトアスパラガスは出回る季節が限られるので、ない場合はグリーンアスパラガスでも可

オリーブオイル ……… 大さじ2
赤ワインビネガー …… 小さじ2
黒コショウ ………… 小さじ1

作り方

1　アスパラガスは硬い部分を取り除き、適量に分けます。

2　熱湯に入れ、5～6分ほど茹でます。

3　アスパラガス以外の調味料は全部混ぜます。オリーブオイルが入っているので、ペットボトル等を使ってよく混ぜます。

4　茹であがったら、調味料を加え、温かいうちにすすめます。

14世紀以降

コッド(タラ)

イングランド

白身魚のひとつであるタラは脂身が少なく、煮込み料理として使われていました。サーモンと同様、主に大西洋北部で獲れたので、イングランドやフランスの料理レシピにいくつか記述されています。

材料

- タラ………………1尾
- 白ワイン…………1/4カップ
- 水…………………1/4カップ
- 塩…………………大さじ1/2〜1/4
- 粒マスタード……適量

作り方

1. フライパンに半分の水とワイン、4等分に切り分けたタラを入れ、塩を入れます。
2. 15分程度煮込み、残りの水とワインを入れます。中に火が通るまで煮込みます。
3. 真ん中に粒マスタードをあしらい、すすめます。

> 白身魚は四旬節（復活祭の前に行われる断食期間）でも食べてよい食材のひとつでした。ニシンばかり食べていたイメージがありますが、タラをはじめとした魚も多く登場します

> ドレッシングをオリジナルで作る場合は以下の通りにして下さい。
> マスタードに新鮮な溶かしバターを加えます。塩で味を調整します

14世紀

ファンゲス

イングランド他

　ざっくりいうとキノコのスープ。「パウダーフォート」といわれる混合スパイスを使っていますが、これは同じ時代の他メニューにもよく登場します。そう考えると、調味料はある程度決まっていて、食材によって使い分けていたのかもしれません。

　リーキ（西洋ネギ）は、大きめのデパートの野菜売り場か野菜を取り扱っている輸入食材屋、時期によってはネット通販で入手可能です。見ためは大きい太いネギですが、火を加えるとほんのりとした甘さが加わります。

材料

エリンギ·····················50g
ブナシメジ·····················50g
リーキ（西洋ネギ）または太めの長ネギ········1/2本
★パウダーフォート
塩（味調整用）·····················少々
チキンスープストック·················300cc

《パウダーフォート》
シナモン·····················大さじ1/2
クローブ·····················小さじ1
黒コショウ·····················小さじ1

作り方

1 エリンギは食べやすい大きさに、ブナシメジは石づきをとって細かく分けます。

2 リーキは細かくします。ネギの場合は斜め切りに。

3 沸騰したチキンスープストックの中にスパイスも含めて全部入れます。

4 そのまま4〜5分煮て味を確かめます。薄い場合は塩を加えて調整して下さい。

5 熱いうちにすすめます。

★パウダーフォート（Powder fort）

　パウダーフォートは14世紀イングランドに残された料理書『Fotme of Cury』にたびたび登場します。主に汁物や煮つけ料理に使われていたようですが、料理内容によって配合や使われるスパイスが多少異なります。

　基本構成である3種類のスパイスは、いずれも芳香性に優れている（香りが強い）ので、料理の香りづけとしても使われていたのかもしれません。

14世紀以降

レンズ豆と鶏肉の煮込み

北ヨーロッパ

　レンズ豆（Lentil）は、旧約聖書の中に記述されている、古来からある豆の一種です。乾燥状態で長年保存が可能なこと・栄養価に優れているため修道士の食事メニューにも多く登場しています。長時間煮ることで柔らかくなり、少量でも満腹感を感じます。レンズ豆は入手しにくいこともあるので、写真はより手に入りやすい「ひよこ豆」で代用しました。

材料

鶏もも肉（ぶつ切り）	400g
乾燥レンズ豆	1カップ
チキンスープストック	1カップ
ビーフスープストック	4カップ
溶かしバター	大さじ2
塩・コショウ	適量
バジル（ドライ）	小さじ1/2
かぶ	3～4株

> 南欧風にするならラム肉を使用してもいいでしょう

> 輸入店にあります。なければひよこ豆で代用可

> 葉は使いません

作り方

1. 厚手の鍋にバターを溶かし、塩コショウした肉を焦げ目がつくまでソテーします。

2. ソテーしたものにチキンスープストックを加え、約30～40分弱火で煮ます（焦げ付くこともあるので、時たま様子を見ること）。

3. 別鍋にレンズ豆を軽く洗い、ビーフスープストックを入れます。一度煮立たせてから火を弱め、15分煮ます。

4. ボウルにさいの目に切ったかぶを入れ、塩・バジルを加えます。

5. レンズ豆に4のかぶを加えて弱火で10分煮ます。

6. レンズ豆と2の肉を混ぜ合わせます。大きい広めの鉢に移してください。

「かぶ」は中世で比較的ポピュラーな野菜で、スープやサラダに入れていたこともあったようです。10月末のハロウィーンでは、かぼちゃをくり抜いた「ジャック・オ・ランタン（Jack-o'-Lantern)」が有名ですが、昔はかぶがその役割を担っていました。

ちなみに、私は毎年ジャック・オ・ランタンはかぶで作っていますが、くり抜くのが大変ラクです。かぼちゃはいささか硬いので…。

Chapter 1　麗しき貴族の食事　～料理指南　序之段～

15世紀

小鳥の墓

フランス他

　ネーミングはちょっと辛辣ですが、鶏肉の赤ワイン煮込みのことです。赤ワインで煮ていくと次第に粘り気のあるスープ状になることから、そう名付けられたのかもしれません。硬めのパンを軽く温めて一緒に召し上がると美味です。

材料

鶏もも肉 ‥‥‥‥‥‥‥‥‥‥‥‥‥‥‥‥ 400g
にんにく ‥‥‥‥‥‥‥‥‥‥‥‥‥‥‥ 1かけら
赤ワイン ‥‥‥‥‥‥‥‥‥‥‥‥‥‥‥ 1カップ
水 ‥‥‥‥‥‥‥‥‥‥‥‥‥‥‥‥‥‥ 2カップ
塩・コショウ ‥‥‥‥‥‥‥‥‥‥‥‥‥ 少々
タイム ‥‥‥‥‥‥‥‥‥‥‥‥‥‥ 小さじ1/2
ローズマリー ‥‥‥‥‥‥‥‥‥‥‥ 小さじ1/2
フレッシュセージ（あれば）‥‥‥‥‥‥ 2束

> 生を使用

> 用意できるのであれば硬水を推奨

> タイムとローズマリーはパウダー状でもいいですが、ホール状（葉の形が残っているもの）でも可です

作り方

1 鶏肉を食べやすい大きさに切ります。

2 つぶした（またはみじんぎりにした）にんにくを混ぜ込みます。

3 塩・コショウをまんべんなく入れます。

4 鍋に入れ、表面が茶色になるまで炒めます。

5 タイム・ローズマリーを加えます。

6 赤ワイン、水の順番で鍋に入れ、ゆっくりとかき混ぜます。

7 汁けがなくなるまで炒めます。

8 フレッシュセージがあれば添えて下さい。

　料理の名付け方は、地域によって異なりますが、「小鳥の墓」のように、一見不思議なネーミングでも料理を見ると「あぁ。これか！」と納得してしまう、ちょっとした料理人の遊び心もあったようです。

　過去に見た料理名では、「バイオレット（すみれのポタージュ）」「王様好みのロースト（ラム肉のロースト）」「天使の食したタルト（チーズタルト）」など。

　シンプルなネーミングももちろんいいのですが、ここはあえて客人の心をくすぐるような名前に変えてもいいのかもしれませんね。

14世紀以降

ホロホロ鳥の蒸し煮

ヨーロッパ全域

　ホロホロ鳥（Helmeted guineafowl）は、主にアフリカ大陸に生息する体長50cmほどの鳥で、野鳥に似た歯ごたえがあるため、高級肉として現在でも流通しています。フランス料理にはホロホロ鳥のレシピが多数あり、美食家の舌をうならせています。

　中世ヨーロッパでも数ある野鳥のひとつとして輸入されたかもしれませんが、相当高かったのではないかと思います。

　国内においては入手が多少難しいので、ひな鶏などで代用してもいいでしょう。ダッチオーブンを使用します。

材料

ホロホロ鳥（またはひな鶏）	1羽
にんにく（スライス）	1かけら
にんじん	1/2本
セロリ	1/2本
にんじん・セロリのくず	適量
ローレル	2枚
フレッシュローズマリー	適量
塩・コショウ	少々

> ホロホロ鳥は輸入店などで入手できます

> 茎の部分を使用します

> 捨てずにとっておくのを忘れずに！

作り方

1 にんじん・セロリは細長く切って鳥の中に入れやすくします。

2 鳥の表面に塩・コショウをして5分ほど置きます。

3 ダッチオーブンの中に野菜のくずを敷き詰めます。

4 鳥のおなかの中ににんじん・セロリ・ローレルを入れ、つまようじでお尻の穴を閉じます。入れきれない場合は半分にしても構いません。

5 ダッチオーブンに触れない程度に鳥を入れ、ローズマリーを入れます。スライスしたにんにくを鳥の表面にはります。

6 ゆっくりとふたをし、弱火で約50〜60分蒸します。できる限りふたをあけないようにして下さい。

7 できあがったら熱いうちにすすめます。関節から切り分けるのがポイントです（フレッシュローズマリーがあれば添えます）。

ダッチオーブンが家にない！ 時の作り方

　一家に一台、ダッチオーブンがあるわけではないので、蒸し器や圧力鍋を用いて作る方法も一応あります。多少食感や味が変わることがありますが、そのあたりはあしからず。

　〈蒸し器を使う場合〉

　鍋の部分にお湯を張り、沸騰させます。蒸し器をのせ、野菜くずを敷き、その上に鳥をのせて60分ほど蒸していきます。

　包丁で刺して柔らかくなっていたらできあがり。火傷に注意して下さい。

15世紀以降

ミンチ肉の柔らか煮

スペイン他（アレンジ）

　肉を細かくした挽き肉を使用した煮込み料理です。牛豚の合い挽き肉でもいいのですが、貴族風味を醸し出すならということで、サイコロステーキを使ってみました。
　スキレット（鋳鉄製のフライパン）を使うとよいですが、ない場合はご家庭のフライパンで代用します。
　シンプルですが、ピリっとしたコショウのアクセントが特徴的です。

材料

サイコロステーキ肉	約200g
玉ねぎ	1個
薄力粉	少量
コショウ	適量
塩（味調整用）	適量
ビーフスープストック	2カップ
レモン果汁	適量
ローレル	2枚
バター	10g

> スーパーに売っている成型肉のサイコロステーキでOK

> 史実向けに挑戦する場合、ラベンダー・クローブを各小さじ1ずつ

作り方

1 サイコロステーキ肉を軽くつぶし、薄力粉をまぶします。玉ねぎは薄切りにします。

2 スキレット（フライパン）に肉を加えます。バターも予め入れて下さい。

3 ある程度まで炒めたら、玉ねぎを入れ、透明っぽくなるまで炒め続けます。

4 1でまぶした薄力粉の余りを加え、混ぜ合わせます。

5 ビーフスープストック・コショウ・ローレル・塩を入れてふたをして15分程度煮込みます。

6 煮込めたらレモン果汁を入れて味を調整します。

> ホントは、上記材料にクローブとラベンダーを入れるのですが、ここではハーブは入れていません。史実向けに挑戦される場合は入れてみて下さい

スキレット（skillet）

　スキレットは、中世ヨーロッパ料理器具の中でも万能選手。ダッチオーブンを使えない場所では、スキレットで作ることが多いです。利点はなんといってもあらゆる調理方法に優れていること。

　サイズが小さいものはそのままオーブンに入れたり、IHに対応しているものもあります。使用したらお手入れをきちんと行わないとすぐに錆びてしますので、アフターケアが多少大変ですが、万能ゆえにファンが多いのも事実です。

Chapter 1 麗しき貴族の食事 〜料理指南　序之段〜

15世紀以降

サーモンパイ

北ヨーロッパ（アレンジ）

　寒い冬に出回る旬の魚のひとつとして挙げられるのがサーモン（鮭）。北欧の国々ではサーモン料理は、きってもきれないぐらい結びつきが強いです。

　主に大西洋北部で獲れるので、イングランドやフランス北部では中世ヨーロッパでも使われていたのではないかと思います。

　料理人によっては、かなり精密な魚の形に作ることもありますが、そこまで力量がなかったので、少しカワイイパイになってしまいました。

　これも手掛ける人それぞれの形があるのでしょうね。

材 料

サーモン（鮭）・・・・・・・・・・・・・・・・・・・・・・・・・・・・・・・・・・1切れ

パセリ・・・大さじ1

セージ・・・・・・・・・・・・・・・・・・・・・・・・・・・・・・・・・・・・・・・小さじ1/4

ジンジャー・・・・・・・・・・・・・・・・・・・・・・・・・・・・・・・・・・小さじ1/4

塩・・小さじ1/4

コショウ・・・・・・・・・・・・・・・・・・・・・・・・・・・・・・・・・・・・小さじ1/8

アニス・・・・・・・・・・・・・・・・・・・・・・・・・・・・・・・・・・・・・・・小さじ1/8

冷凍パイ生地・・・・・・・・・・・・・・・・・・・・・・・・・・・・・・・・・・2枚

> 市販の冷凍パイ生地はバター風味が強いので、忠実性を求めるならロイヤルパイクラスト（p.84）で作った方がいいでしょう

作り方

1 サーモンの身をそぎます。軽く炒めた方がいいでしょう。

2 パイ生地を魚の形にします。尾・背びれ・尾びれの部分は後でつけるので、本体だけで結構です。

3 そぎ落とした身をパイの上に入れます。

4 パセリ・セージ・ジンジャー・アニス・塩・コショウをふりかけます。

5 魚の形にしたら、ふちをフォークで閉じます。

6 背びれ・尾びれ・尾の部分を残ったパイ生地を使って形を作り、本体にくっつけます。目があるといいでしょう。

7 180℃のオーブンで約40～45分焼きあげます。

8 熱いうちに切り分けてすすめます。

　中世の「あっと驚く料理（奇想天外料理）」は、調理した魚や肉の本来の姿を再度作り上げることが少なからずありました。

　サーモンパイもそうですが、他にも「クジャクのロースト」は丸焼きにしたクジャクに取り除いた大きな羽根をつけ直して出したり、「豚の捧げもの（p.118）」も、焼いた豚の頭にこれでもか！　といわんばかりの果物や花々を飾ったり、見た目を華やかにするという理由もありますが、「頂いた命を敬う」という意味もあったのかな、と考えています。

Chapter 1

麗しき貴族の食事　～料理指南　序之段～

14世紀以降

バレンタイン祭の「ケーキ」

イングランド他（アレンジ）

　現代では「バレンタイン」というと、女性が憧れる（また好きな）男性にチョコレートなどをプレゼントする習慣がありますが、そもそもチョコレートを渡すことを流行らせたのは日本国内のチョコレート会社またはデパート会社といわれており、第二次世界大戦の終戦直後が発祥時期とされています（かなり最近）。

　中世ヨーロッパの場合、バレンタインというのは3世紀に殉教した「聖バレンタイン（ヴァレンティヌス）」を祝う厳格な祝祭でした。愛を主題としたものに変わりはないのですが、かなり哲学的要素を含んだ儀式も含まれていたようです。

材料

キャラウェイシード（ホール）………………………	大さじ4
タイム（ホール）…………………………………	小さじ2
シナモン（パウダー）………………………………	大さじ2
ナツメグ（ホール）………………………………	小さじ1/2
ローズマリー（パウダー）…………………………	大さじ2
砂糖………………………………………………	70g
薄力粉……………………………………………	330g
バター……………………………………………	360g

> 有塩を使うとgood。無塩でも可能

作り方

1 スパイス類全部をすりこぎに入れて、すります。やりすぎると風味が半減するので、「香るなぁ」というぐらいでOK。5分ぐらいが適当です。キャラウェイシードは意外と粉になりにくいですが、原型を留めておいた方が無難なので、あまりつぶさないようにして下さい。

2 1を砂糖と一緒に入れて混ぜます。この時、均等に混ぜるのがポイント。

3 きれいな台（なんでもいいです。できれば木製のテーブル）にふるいにかけた薄力粉を広げ、2の混合物の半分を混ぜます。だいたい混ざったら、室温に戻したバターを加えて、まとまるまで練り上げます。

4 だいたいまとまった感じになります（粘土っぽいけど気にせずに）。ちなみに15分ほどかかります。念入りにまとめて下さい。

5 まとまったら、20〜30cmの平皿に、びっしりと敷き詰めます。ある程度なら押しこんでもOK。

6 食べやすいように、切りこみを入れます。ただし、下まで切らないように。あくまでも切りこみなので、ご注意を。1cm×1cm程度（人差し指程度）がベストです。

7 切りこみを入れたら、2の残りを上からかけ、予め熱してあったオーブンで約1時間焼きます。最初は180℃で40分、その後160℃に温度を下げて20分ほど。

8 すぐに食べてもいいのですが、ドイツのシュトーレンと同様、日持ちがするので、作ってから3〜5日ぐらいに食べるとちょうどいいでしょう。

スパイスはできるだけ「ホール（原型のまま乾燥させたもの)」を使うとよいでしょう。スパイスそのものの原型なので、すりばち等でつぶすと独特の香りが広がります。

Chapter 1

麗しき貴族の食事 〜料理指南 序之段〜

中世前期以降

ショートブレッド

ヨーロッパ全域

　ブレッドは「硬いパン」の総称です。保存期間が大変長く、現在でいうところの「乾パン」に似た感じです。

　中世後期、船旅にでる人たちや陸路の旅を続けていた人にとってはなくてはならないものだったのでしょう。ここでは貴族向けということで、スパイスを多用した内容となっています。

　余談ですが、3ヶ月ほど保存したものを食べてみましたが、ずっしりとした甘みがする、大変美味しい味になっていました。

材料

中力粉	………………………………	380g
砂糖	………………………………	70g
シナモン（パウダー）	…………………	小さじ2
カルダモン	…………………………	4～5粒
ジンジャー	…………………………	小さじ1/2
オールスパイス	……………………	小さじ3/4
塩	…………………………………	少々
バター	………………………………	200g
カレントレーズン	…………………	少々

> 漂白していないものが良いです。薄力粉でも可

> 本来はグラニュー糖

> 「カーダモン」ともいいます。粒状のものを使います

> カレントレーズンは小粒のレーズンでやや酸味有。製菓店で入手できます

作り方

1 予めオーブンは温めておきます。カルダモンは殻を取り、実をすりつぶします（強烈な香りがするのでご注意を）。

2 ボウルに砂糖とスパイス類（シナモン・カルダモン・ジンジャー・オールスパイス・塩）を入れてよく混ぜ合わせます。混ざったら、2等分にして一方は取っておきます。

3 こね台（冷たい台）に中力粉を置いて2で2等分したスパイスの一方を混ぜ合わせます。

4 室温に戻したバターを3に加え、手でよくこねていきます。

5 だいたいまとまったら、20cmほどの浅い型にクッキングシートを敷いてまんべんなく敷き詰めます。詰めたら、食べやすいように細い切れ目を入れ、生地にフォークで穴をあけます。

6 スパイスの残りとカレントレーズンを生地の上にふりかけ、温めておいたオーブンで160℃～180℃で40～50分焼きます。

7 できあがったら十分冷まして、1～3日タッパーの中に入れます。必要な時に取り出します。

　ショートブレッドは長期保存ができる優れものですが、その秘密は材料の中にあります。現代のお菓子に使われることの多い「牛乳」や「卵」が入っていないからです。つまり、バターを除く乳製品が入っていないので、早くいたむ心配がありません。

　市販の乾パンも、牛乳や卵を使っていないので、ほぼ同じということですね。

中世後期

エンバーデイ・タルト

イングランド他

　エンバーデイ（Ember day）は「四季の斎日」の意味で、1年に3回ほどある断食と祈りのための日です。本来の断食期間である「四旬節（レント）」では、乳製品も禁じられていますが、エンバーデイはそこまで縛られることはなかったようです。断食の時期は肉の摂取を禁じているため、肉類は入っていません。「四季の斎日」は2・5・9・12月の各季節ごとの定められた日に行われます。移動祝日が入るため、毎年固定された日ではありませんが、節食を心掛けるよう努めます。

材料

溶かしバター	大さじ4
塩	小さじ1/2
サフラン	ひとつまみ
卵	小4〜5個
玉ねぎ	1/2個
とろけるチーズ	50〜70g
カレントレーズン	30g
砂糖	大さじ1
ドライパセリ	小さじ1
ドライセージ	小さじ1
混合スパイス（ドライジンジャー＋シナモン＋クローブ）	小さじ1
ロイヤルパイクラスト	1枚

> 予め湯せんまたは電子レンジで溶かしておきます

> 溶けるタイプならなんでも可

> または市販のタルト台1個

作り方

1 サフランと塩、バターをボウルに入れ、混ぜ合わせます。

2 みじん切りにした玉ネギは5分ほど茹でて、水気を切り、1のボウルに加えます。

3 卵は溶きほぐし、混合スパイス・サフラン・カレントレーズン・砂糖と共に2のボウルに加え、パイ生地に流し込みます。

4 上からドライパセリとセージをふりかけ、170℃のオーブンで30分ほど焼きます。

5 温かいうちに切り分け、すすめます。

Chapter 1

麗しき貴族の食事 〜料理指南 序之段〜

Chapter1 COLUMN

中世ヨーロッパと西洋ファンタジーの食事情比較
～共通点と相違点、意外な発見？～

　ファンタジー世界、誰しも一度は憧れる「豚の丸焼き・クルクルスタイル」。棒に刺した大きなまるごと豚を、チリチリとじっくり焼きながらワイルドにパンの上に乗せて豪快に食する！　冒険者にとってはTHE ロマンですよね。

　また、野外で料理を提供する機会もたまにありますが、だいたいのリクエストとして「直火で丸焼き」を所望されることが多いです。雰囲気がでていいですよね。

　中世ヨーロッパと西洋ファンタジー、両方の世界の料理を実際に作る機会のある人は、国内でもそういないと思うのですが（個人的解釈）、だからこそ「実際はこれがこうだったんだよね」な比較があるとなんとなーく違いが分かるかもしれません。ご参考程度にどうぞ。

豚の丸焼き

　ロマン is ロマン！　ですが！　単刀直入に切り込むと準備大変！

　大きな串にさしてクルクルすればOK、なイメージがありますが、単純に串に刺しても肝心の豚は小さいものでも5kgほどはあるので、串に縛り付けるなど固定した状態にしないと回すこともできません。また、なんとか回すことができたとしても、同じ位置を焼いたら焦げるのは当たり前なので、常にクルクル回すか、適度に位置を変える必要があります。さらに、中まで火を通すまで待とうとすると、1日食べられずに終わることもあるので、焼けた部分から少しずつそぎ落として食するのが普通にいいと思います。

　中世ヨーロッパのキッチンでは、「肉焼き係」という専門職がいました。豚はもちろん、時には領主や王様が直に仕留めたりした鳥も焼く必要があるので、焦げるなどの失敗はご法度。いかによい焼き加減で供することができるのかにかかっているので、多くの料理人がひしめくキッチンの中でも身分的に上の方でした。

42

ちなみに中世ヨーロッパでも豚の丸焼きは宴会でよく登場しますが、余興や装飾の一環として飾られることが多かったようです。可食部は切り分けて食べると思いますが、たとえば豚の頭は残して、胴体部分を別のものに作り替えてくっつけちゃうという手法もありました。「奇想天外料理（イリュージョンフード）」と呼ばれ、客人があっと驚く演出がついた料理の質も大事だったようです。

🌱 鳥の丸焼き

　控えめに言っても豚の丸焼きよりマシ！　です！

　鳥といいましても種類は多岐に渡ります。中世ヨーロッパの場合ですと、地域にもよりけりですが、ニワトリの他に鴨・クジャク・ハト・キジ・白鳥・その他小さな野鳥などが挙げられます。現在でもフランス料理には鴨やハトを使ったメニューがありますね。

　また肉のローストにはソースが必ずつきもの。こちらも美食先進国のフランスがいち早くたくさんのソースを考案しています。

　ファンタジー世界の場面でも鳥の丸焼きは出てきます。旅人や冒険者が今日は野宿だ！　といって鳥を焼いているシーンもありますが、日が落ちる前から焼き始めると夕食タイムにちょうどいいかな、と思います。深夜まで焼いてもおなかが空くだけですし、いかんせん焼いている間は付近が煌々としていて目立つので、盗賊たちのターゲットにされるかも？　しれませんからね。

　肉を焼くのはじっくりゆっくり、ガマンも大事です。

パン

　中世のパンにはいわゆる「ランク」が存在していて、使う粉の種類によってまったく異なってきます。
　最上級の「白パン」と言われるものは、小麦粉の中でも優良なものを使うので、貴族王族向け。白パンの中でも特においしいところをパン切り係が切り分け、客人の中でも高い階級の方に出します。
　少しランクが落ちると雑穀などが入るのですが、この部類は市民階級向け。農民などのクラスになるともう少し下位の粉を使って焼くこともしばしばあります。

　当時の人はパンをとても大事に使っていたのが、料理レシピをみても分かります。14世紀のイングランドの料理指南書には、「パン粉を使ったメニュー」がそこかしこに記録されています。パン粉専用のパンを別に作ったわけではなく、おそらく宴会で出された手つかずのお残りパン（あるいは出せなかったパン）を細かく粉砕して使っていたのではないかと思います。

「パン粉」と書いていますが、日本のパン粉ではなく、純粋にカチカチになった硬いパンをすり下ろした粉のことを指します。再現料理の試作をする時にも必要なので、冷凍庫に少ししのばせており、必要な時だけガリガリすります。

ファンタジー世界に登場するパンは、「大きい・ちょっときつね色・みんなで切り分ける・楽しい（？）」という描写が多いですが、あながち間違っていないと思います。食パンがドーンとでてきたら「おぉ？」と多少違和感があるかもしれませんが、丸パンは中世ヨーロッパでもデフォルトスタイルでしたので、若干味が落ちても旅行で得た体験談などでおしゃべりをしながら楽しく食べられればいいかと。おしゃべりは大事な情報交換であり、人にとって大事な要素ですからね。

果物

宴会などで出される果物は、煮る・焼く・練りこむ等、「加熱した状態で出される」ことがほとんどで、あまり生の状態で提供することはなかったのではないかと推測します。保存方法の問題もありますが、14〜15世紀の収穫の挿絵を見ても、生のまま食べようとする絵はあまり見かけません。

ベリー類やリンゴなどの、手で摘んで収穫できるものに関してはそのまま食べていた可能性もありますが、キッチンでリンゴを8等分に切り分けて提供されていたのか？　と言われると多少疑問に感じます。

ブドウも専らワイン用として使われていたので、種類によってはあまり生で食べていなかった可能性もあります。今のように甘いブドウは品種改良の結果生み出されたものが大半なので、当時のブドウは酸っぱい物が多かったのでしょう。

オレンジやレモンなどの柑橘系は比較的温暖な南ヨーロッパ、スペインやイタリア付近でやっと登場しますが、こちらも生ではなく「加熱向き」として料理書に記述されています。野鳥がつつくこともあったそうですが、あまりにも酸っぱいので

Chapter 1
麗しき貴族の食事　〜料理指南　序之段〜

45

近寄らなかったとか。そりゃそうですよね…。

　ファンタジーでも「果物・そのまんま切らずに盛り合わせ」がいろんな意味で感動するので、旬の果物を大きな皿にどかっと乗せるのがいいでしょう。できれば皮などをむかない、そのまま召し上がる果実がベターかと思います。

🌿 魚と惣菜屋

　そういえば、西洋ファンタジー作品で「魚を釣ってあゆの塩焼きのように食べる」というのはあまり見かけない気がするのですが、やはり肉 is ロマンの方でしょうか？　川や海があれば、ぜひ釣っておいしく焼いて頂きたいところです。生のお刺身はさすがにないと思いますが…。

　中世ヨーロッパも「肉社会」のイメージが多少ありますが、川魚や海魚も獲って食事のメニューにしていました。特に「四旬節」と言われる、2〜3月の断食期間中は肉と卵の摂取を禁じていたので、その期間は魚が主食になったわけです。四旬節以外の時期でも、肉の日・魚の日と決められていた時期もありました。現代の食生活から見ると、交互に魚と肉を食べていたので、それはそれで身体によかったのかもしれません。

　地域によって獲れる種類は異なりますが、ヨーロッパ北部（イングランド・フランス方面）だとニシン・タラ・サーモンなど、南部（スペイン・イタリア方面）は海魚に加えてイカやタコ、貝などの海産物が豊富に獲れました。ちなみに「意外だ！」と言われるのがウナギです。滋養強壮にいいとされ、富裕層はこぞって好んでいたそうです。日本のウナギとはちょっと種類が違います。

　食材の違いは料理の種類にも大きく影響し、海側・大きな川がある町は魚料理が多く、山間部では羊や豚を主とした料理が多くなります。

魚を自分で調理してもいいのですが、中世後期になると生鮮品を加工して提供した「惣菜屋」が大都市を中心に増えてきましたので、利用するのもおおいにアリです。特に巡礼地へ向かう道は、年中巡礼者が通っていたので、今でいうお土産屋さんやレストランなどが立ち並んでいるイメージでしょうか。

　総菜屋と同時期に発達したのが「宿屋（旅籠）」。中世後期になると単純に寝るだけの施設ではなく、地域によっては入浴があったり食堂があったりと、さながらホテル並みのサービスへと進化します。ただ、同時に利用者とのトラブルも急増したようで、このサービスはつけてないのに勝手につけられて高額を請求された、というのはよくあったそうです。

　利用客も利用客で血気盛んな方が多かったのか、店側の対応次第では、果敢に反論することもしばしば。

　また宿屋と先述の総菜屋の「食堂・客取り合戦」も加熱していたようで、そこでもたびたび店同士がトラブルを起こしていたとか。ケンカに巻き込まれた側としてはいい迷惑ですよね。

　ファンタジー世界で宿屋は欠かせない存在ですが、「常に疑問をもって利用する」ことも少し頭に入れておいた方がいいかも？　しれません。

保存食

　突然ですが、干し肉！　おいしいですよね！（断言）

　…干し肉もそうですが、旅をする上で欠かせないのが携帯できる保存食の存在です。都市部だけを旅するのであれば、町の中で食材が入手できる機会が多いですが、人も住まない場所を進んでいくのであれば、ある程度の食料は必要です。

中世ヨーロッパの旅人で思い浮かぶのが「巡礼者（Pilgrim）」。宗教上重要な施設を旅し、神に祈りを捧げ、共に信仰を共有する一連の旅です。中世ヨーロッパ文学でも有名な『カンタベリー物語（The Canterbury Tales)』はまさに、巡礼中の一団のお話を書いています。

　カトリックの三大巡礼地は、ローマ（イタリア）、サンティアゴ・デ・コンポステーラ（スペイン）、エルサレム（イスラエル）であり、そこへ向かう巡礼の道もある程度まで整備されました。
　この中でも、サンティアゴ・デ・コンポステーラの巡礼は世界最大クラスの巡礼者が旅するとも言われています。道の起点はフランス国内にある4つの道で、そこから南に下るルートをたどります。
　巡礼に必要な装備は人それぞれですが、その中でも重要度が高いのがやはり食料です。干し肉やチーズ、木の実、硬いパンに燻製にした魚（専らタラの燻製が多かった）を荷物につめていきます。飲み物はワインがメインでしたが、そう大量に飲むことはしなかったでしょう。

　巡礼地へ向かう道すがらにある町で、必要に応じて食料などを補給します。町によって取扱う種類はまちまちですが、最低限必要なものは置いてあったと思います。
　また、巡礼には今でいう「ガイドブック」も存在しており、大きな町の宿泊場所など、巡礼に必要なワンポイント情報がことこまかに明記されていたようです。確かにこれがあれば、どれぐらいの食料を調達すればいいか見込みがたちますね。安心といえば安心です。

　自分探しの旅をするのもアリですが、やっぱりある程度まで物理的目標を持った旅をするのが一番生き残れる方法だな、と思いました。せめて目的地ぐらい設定してから旅立つのがポイントですね。

野外で火を灯すということ

　食の話とはちょっとずれるのですが、野宿をする際に必要なものはナニ？　と言われたら、どんな答えを出しますか？
　大半の方は「食料と火」と回答するのではないかと思います。電気もLEDランタンも当然ありませんので夜は温かな火が必須となります。

　森や林の中で枝を集めて火打ち石で着火し、次第に焚き火の形をつくって肉を焼きながらゆっくりと過ごす…というのは、理想といえば理想です。
　一時、憧れて実際に挑戦したことがあったのですが、まず木の枝を集める時点で見事に挫折しました（早い）。枝拾いが面倒とか焼くものがないというわけではなかったのですが、「枝が湿気ていた」んです。雨が降った後や夜露がついた枝は、ある意味で鎮火要素のひとつといっても過言ではないです。

Chapter 1　麗しき貴族の食事　～料理指南　序之段～

火打ち石については、できる人がいればいいんですが、着火までに時間がかかる
ことは覚悟した方がいいでしょう。火がやっとついても結局翌朝には消さなければ
ならないことを考えると、ちょっと切なくなりますが。

　そもそも夜に外で野営をするということは、「自分たちは今ここにいますよ」と
いう見事なアピールになるので、夜に暗躍する盗賊やあまりよさげではない集団の
目に留まると厄介です。
　実際、中世ヨーロッパでは「夜間は寝る」が当然であり、大きな市街地の場合は
鐘の音に合わせて消灯していた記録もあります。
　外で寝られる時は、火種と貴重品、そして部外者にご注意を。

⚜ お姫様の禁断の愛

　中世ヨーロッパのいわゆる高貴な貴婦人事情はいささか複雑でした。今のように
自由に恋愛なんてできませんし、家の存続のために結婚をするのが常でしたので、
決められた男性以外との密会なんぞしたら、それこそ悲劇しか生まれません。
　しかし、そこは人間の愛というもの。危険を冒してまでも好きな人とは一緒にい
たいものです。隠れて会いに行くことは、ある意味運命に抗う冒険でもあります。

　中世中期頃からフランスを中心に流行した「恋愛歌」の作品には、果たせない愛
をどのように成就させるべきかが綴られています。
　その中で「果樹園」という単語が頻繁に登場します。果樹園といったら、言葉の
通りで、果物がたわわに実る場所。果物の木は比較的大きく、またうっそうとして
繁みが多いこともあるので、そこで密会を重ねてもなかなか外からは分からなかっ
たようです。

　ただ、やはり見つかると引き裂かれるだけではなく、下手をすれば相手の男性が
この世から消える可能性も否定できないので、夜が明ける前にはそれぞれの場所に

帰っていったようです。「アルバ」という恋愛歌の一種の中には「夜明けよ　なぜそんなに早く来てしまうのか」と、なかば太陽を恨むかのような文言が入っています。

　フランスの果樹園といえばどのようなものか考えたのですが、当時収穫できるものはリンゴ・洋ナシ・マルメロ・ざくろなど。場所によってはブドウもありですね。

⚜ 旅の「水」

　外国を旅行されたことのある方ならご存じかと思いますが、お水は購入するのが普通です。水道設備がしっかりしている国も少数ありますが、たいていの国の水道水や井戸水、地下水などの水は飲むことはありません。
　とかく、ヨーロッパは日本の「軟水（マグネシウムが少ない）」とは異なる「硬水（マグネシウムが多い）」なので、人によってはおなかがギュルルル…になることもあるでしょう。

中世の料理を作る時、たまに硬水を使うことがありますが、これにはワケがあります。硬水で作った煮込み料理はアクや肉の臭みをかなり消してくれるので、水自体が臭み消しの役割をしています。軟水と硬水だと確かに味わいとツンとくる臭いに差があります。

西洋ファンタジーのある場面で「川にある水を飲む」という表現がしばしば見られますが、結論からいうとアリといえばアリです。ヨーロッパはもともと高い山々からキレイな天然水を運んできますから、そのままでも飲めることは多いようです。ただ、先述にもあったようにマグネシウムの含有量が多い「硬水」なので、飲みすぎには注意した方がいいでしょう。

貴婦人とスパイス

ほのかによい香りがする女性は魅惑度や印象がアップするもの。花の香を身にまとうだけで「いいなぁ」としばしウットリする男性も少なからずいることでしょう。

私たちが知っている香水が本格的に生産され始めたのは、中世末期～ルネサンス以降とされています。しかし、それ以前も香りの成分を身にまとった文化は少なからずありました。

中世ヨーロッパの時は、スパイス（香辛料）の輸入が大きく関わっており、芳香性のあるスパイスを用いていたことが多かったようです。

15世紀頃の比較的上流階級の女性を例にとると、起床の後、簡単な髪すきと洗顔をした後、付き人に服を着せてもらい、髪を整えてからクローブの粒をいくつか髪の中にしのばせてから外にでかけていました。

また時の女王・エリザベス1世も幻のスパイス「グレイン・オブ・パラダイス」の香りをこよなく愛したそうなので、今の香水事情とは少し方向が違いますが、香り高いものを身に着けていたのは間違いなさそうです。

いや髪に刺しまくるのはちょっと…という場合は、小さな麻袋に粗く砕いた好きなスパイスを入れて、ベルトにひっかけるのもいいと思います。ファンタジー風描写だと「彼女の第一印象は不思議と癒される、香辛料の香りであった。ベルトに下げられた麻袋がゆられる度に芳しい香りがあたりを包み込む」なんて感じでしょうか？
　私達が知る「香水」の発達は、中世の後、ルネサンス以降飛躍的に伸びていきます。香りの種類も中東から運ばれたスパイスから甘い香りを漂わせるバラやスミレなどの、花の香りへと変わっていきます。

　現在は好みの香りを自由に選べる時代ですが、「美」を追求し続けた先人たちのおかげであるといっても過言ではないようです。

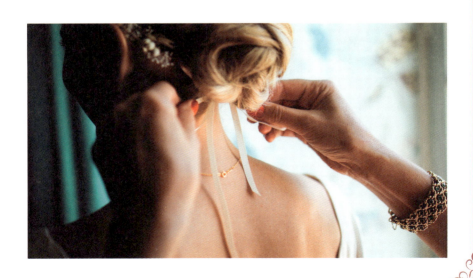

Chapter 2

白き宝石は魅惑の甘さ
〜料理指南　二之段〜

今ではスーパーで簡単に手に入る砂糖。
まだ精製技術が発達していない中世ヨーロッパでは、上流階級
の口にしかその甘味を味わうことができませんでした。
甘味を抑えた「歴史的スイーツ」の世界をご紹介します。

15世紀以降

ワンパウンドケーキ

イングランド他

　現在のパウンドケーキは、バター・小麦粉・卵・砂糖をそれぞれ1ポンド使う大きなケーキのことで、中世のスタイルがもととなっています。もともと、ケーキ（Cake）は柔らかいスポンジ状の洋菓子を指す他、パウンドケーキのようなずっしりしたものや平たくしたパンの名称としても使われます。

　「パウンド」は重量の「ポンド」（現在の換算で約450g）の意味ですが、ここでは覚えやすいように100gで分量を調整しています。

材料

バター	100g
薄力粉	100g
卵	2個
砂糖	100g
パウンドケーキの型	1個
カレントレーズン	適量

> 100円均一にある紙型タイプでOK

> お好みに応じて調整します

作り方

1 室温に戻したバターをボウルの中に入れ、砂糖を2〜3回に分け混ぜていきます。

2 白っぽくなるまで混ぜ続けます。ハンドミキサーの方が楽ですが、中世スタイルでいきたい場合は泡だて器でいきましょう。

3 溶いた卵を2回に分けて入れ、混ぜます。

4 薄力粉は予め2回ほどふるいにかけます。

5 バターのボウルに薄力粉を2〜3回に分けて入れ、さらにカレントレーズンも加え、木べらを使ってさっくりと混ぜます。

6 パウンドケーキの型に入れ、トントンと型から空気を抜きます。

7 180℃で予熱したオーブンに型を入れ、約40分焼きます。

8 一度オーブンから取り出して、山の部分に切り目を入れ、再度20分焼きます。

9 焼きあがったら、ケーキクーラーまたは鍋敷きに乗せてあら熱をとり、1日以上置いて味をなじませます。

10 お好みでジャムを塗るとつやがでて甘味も増します。

お菓子で甘味を増やしたり照りを付けるのに欠かせないジャム。

ヨーロッパのなかでも比較的早い段階で発達したのは、イングランドやフランスが中心でした。特にフランスはソースの開発が急速に進み、「どの料理にどのソースが合うのか」細かく分析していたのではないかと思います。

甘いソースや辛いソース、食材によってうまく使い分けられたのも、ジャムがあってこそ、だったのかもしれません。

15世紀

レモンケーキ

南ヨーロッパ（アレンジ）

　「ケーキ」と銘打っていますが、ソフトクッキーに近いものです。
　レモン果汁を入れてちょっとさっぱりした味わいです。
　当時はクッキーの型などなかったので、きちんとした形に整えるのは難しかったのですが、ナイフやめん棒で自由自在に形を作っていた料理人もいたとか。貴婦人が食べやすいように、楕円形にしてみました。
　少しふっくらするように、ベーキングパウダーを入れてアレンジしています。

材料

バター	40g
砂糖	30g
卵黄	3個
レモンの皮	1/3個
レモン果汁	1/3個
ベーキングパウダー	小さじ1/2
熱湯	大さじ1
シナモンパウダー	小さじ1/4
ナツメグ	小さじ1/4
サフラン	少々（なくてもOK）
薄力粉	150g
ハチミツ	大さじ1
塩	少々

> 甘めにしたい場合は50gにして下さい

> シナモンパウダーとナツメグはクローブとメイス小さじ1/4でも可

作り方

1 室温に戻したバターと砂糖をボウルに混ぜ、白っぽくなるまで泡だて器でかき混ぜます。擦り込むような感じで。

2 卵黄を入れ、さらに混ぜます。

3 ベーキングパウダーに熱湯を入れ、軽くかき混ぜて2のボウルに加えます。

4 細かくみじん切りにしたレモンの皮、塩、スパイス類、レモン果汁、ハチミツを入れて混ぜます。

5 最後に薄力粉を入れ、切るようにさっくりと混ぜ合わせます。

6 ラップの上に生地を置き、筒状に成形して冷蔵庫で1時間程度休ませます。

7 冷蔵庫から取り出したら、包丁で一口大に切り、クッキングペーパーの上に乗せます。間隔を少しあけ、上からラップをかけてコップの底などを軽く押し当てて形を整えます。

8 150℃程度に予熱をかけたオーブンに入れ、温度を180℃にして20〜25分焼きます。

9 焼きあがったらあら熱をとり、すすめます。甘味が足りない場合は、ハチミツやジャムを添えてだすとよいでしょう。

中世後期

ケルトスタイルのショートブレッド

北ヨーロッパ（アレンジ）

　ノーマルのショートブレッドと作り方は特に変わっていませんが、砂糖の種類を三温糖に変更しています。上白糖より甘味が強いので、ケルトの民が住んでいた北方ではきっとより甘いものを求めていたのではないかと推測しながら考えました。十字の型ぬきなどを使ってもいいかもしれませんね。

材料

バター …………… 180g
三温糖 …………… 100g
薄力粉 …………… 220g
お好みにより混合スパイス
（シナモン・ジンジャー・ナツメグ）
　　　………… 各小さじ1/4
クローブ ………… 小さじ1/2

作り方

1　室温に戻したバターと三温糖をボウルに入れ、白っぽくなるまで混ぜます。

2　全体の1/3程度の薄力粉を入れ、切るような感じでさっくりと混ぜます。まとまったら残り2/3の薄力粉とクローブを入れて混ぜます。かき混ぜすぎると粘りがでるので気を付けて下さい。

3　四角い型に生地を流し込み、180℃に予熱したオーブンに入れて30～40分ほど焼きます。

4　焼きあがったら適当な大きさに切り分け、すすめます。

14世紀

ポーカランス

イングランド他

簡単にいうとハニートーストですが、白パンを使うのがポイントです。

中世ヨーロッパの主食でもあったパンは、階級によって食べる種類が大きく異なります。上質の白パンは国王・または高貴な貴族しか食べることができない最高級クラスのもので、そこにハチミツをかけて食すること自体が当時は贅沢でした。ナッツもぜひお供に。

Chapter 2　白き宝石は魅惑の甘さ　〜料理指南　二之段〜

材料

ハチミツ……………………20g

> できれば白花蜜（複数の花から採れたハチミツ）を使うとgood

ミックスナッツ(無塩)……適量

スパイス類(シナモン・ジンジャー)
　………………………各小さじ1/4

白パンまたは食パン………2枚

作り方

1　小鍋にハチミツを入れ、とろ火で温めます。スパイス類を加え、軽く混ぜます。

2　パンを食べやすい大きさに切り（4分割が推奨）、トースターまたはフライパンで表面に焼き目がつくまで焼きます。

3　粗く砕いたミックスナッツをパンの上に適量乗せ、温めたハチミツを上からかけます。

4　温かいうちにどうぞ。

15世紀

ワッフル

ドイツ他（アレンジ）

　巷でよく見かけるのは、格子型の「ベルギーワッフル」ですが、中世後期にも似たようなレシピがすでにありました。原型は古代ギリシャの「オベリオス」というものです。見た目はパンケーキですが、もっちりとした食感が特徴です。なめらかさを加えるため、生クリームを入れました。

材料

薄力粉 …………………………………	100g
生クリーム ………………………………	100cc
卵黄 ………………………………………	2個
砂糖 ………………………………………	20g
ローズウォーターまたは水 ………………	大さじ1
塩 …………………………………………	少々
オリーブオイルまたは植物性油 …………	適量

あればなおよいもの：ダッチオーブンのフタ

作り方

1 薄力粉・生クリーム・卵黄をボウルに加え、かき混ぜます。

2 砂糖を少しずつ加え、生地になじませます。さらにローズウォーター〔水〕と塩を加えて混ぜます。おたまですくってとろっとした感じであればOKですが、水っぽい場合は薄力粉を、生地が固い場合は水を加えて固さを調整して下さい。

3 フライパンにオリーブオイル（ない場合は植物性の油）をひいて生地を流し込み、弱火で焼きます。生地のフチが固まってきたらひっくりかえし、3〜5分程度焼きます。

4 焼きあがったら、ジャムやホイップしたクリームなどを添えてお召し上がり下さい。

ダッチオーブンのフタ

　ダッチオーブンは煮込み料理や焼き料理など、多様に使うことができる万能鍋ですが、「フタ」も単体で十分使うことができるツールです。

　フタをひっくり返して火にかけると、鉄のフライパンと同じ使い方ができます。一度熱すると温度が急激にあがり、また冷めやすいので肉焼き料理などにはもってこいです。

　荷物の都合でフライパンやスキレットを持っていけない時は、ダッチオーブンのフタも合わせて活用しています。

中世前期以降

レモンのフリッター

南ヨーロッパ

　いわゆる揚げ菓子の一種で、日本でいう天ぷらと作り方はほぼ一緒です。
　こちらは主にレント（四旬節：復活祭の前に訪れる断食期間）に食べられていたのではないかと思われます。レモンや油はいずれも植物なので、禁じられている食材を使うことなく作ることができます。

材料

スライスしたレモン…1/2個
塩………………………少々
薄力粉…………………150g
水………………………3/4カップ
揚げ物用油……………適量

植物性推奨

作り方

1　水を沸騰させ、スライスしたレモンを入れて10分程度煮込みます。

2　レモンをざるにあげ、少しさまします。お湯は捨てます。

3　薄力粉に塩と冷たい水を加え、衣を作ります。

4　水気を切ったレモンに衣をつけ、180℃に熱した油で少しこんがりするまで揚げます。

5　お好みによって砂糖をふりかけてもよいです。

15世紀

クリッピー

イングランド他

「揚げ菓子」のことです。ドーナツの原型に近いものという説があります。
ちなみにドーナツはオランダが発祥とされています。

材料

薄力粉 ……………………… 80g	ハチミツ ……………………… 大さじ1
卵白 ………………………… 1個	揚げ物用油 …………………… 適量
水 ………………………… 1/3カップ	植物性推奨

作り方

1. 全部の材料をボウルに入れ、混ぜ合わせます。
2. 揚げ物用の油を200℃に熱し、生地をスプーンですくって静かに落として揚げます。こんがりとしてきたら取り出して、キッチンペーパーで油を切ります。
3. お好みにより砂糖やシナモンをふってもいいでしょう。温かいうちにすすめて下さい。

Chapter 2 白き宝石は魅惑の甘さ 〜料理指南 二之段〜

15世紀

スノー&スノートッピング

北ヨーロッパ

「雪」ではなく、「雪のように白い」ホイップ状のお菓子です。

とろりとしているので、ジャムやソースなどを添えるとよりおいしくなります。

ローズウォーターを使用しているので、雅な貴婦人方はこぞって食べていたのかもしれません。

材料

《スノー》

卵白 ‥‥‥‥‥‥‥‥‥‥‥‥‥‥‥	4個
生クリーム ‥‥‥‥‥‥‥‥‥‥‥	100cc
砂糖 ‥‥‥‥‥‥‥‥‥‥‥‥‥‥‥	60g
ローズウォーターまたは水 ‥‥‥‥	大さじ1

> グラニュー糖推奨。
> なければ上白糖で

《スノートッピング》

冷凍イチゴ ‥‥‥‥‥‥‥‥‥‥‥	50g前後
赤ワイン ‥‥‥‥‥‥‥‥‥‥‥‥	1/2カップ
砂糖 ‥‥‥‥‥‥‥‥‥‥‥‥‥‥‥	30g
シナモン・ジンジャー(パウダー) ‥‥‥‥	小さじ1

> 季節によっては生でも可

スノーの作り方

1 卵白は泡だて器・ハンドミキサー等で固めに泡立てます。

2 生クリームに砂糖を加え、ホイップ状に泡立てます。少しゆるめでもOK。

3 それぞれ泡立てた卵白と生クリームをざっくりと合わせます。混ぜ合わせる時に切るような感じで。

4 ローズウォーター（水）を加えて、深めのお皿に寄せます。トッピングとして、ストロベリーソースを加えてもいいでしょう。

スノートッピングの作り方

1 こぶりの鍋にざっくり刻んだイチゴ（冷凍の場合はそのままでも可）と赤ワイン・砂糖・スパイス類を入れてとろみがつくまで弱火で煮込みます。焦げやすいので、常にかき混ぜて下さい。

2 お皿にあけて、あら熱をとったら冷蔵庫で冷やします。

3 スノーの上にかけてお召し上がり下さい。

Chapter 2　白き宝石は魅惑の甘さ　〜料理指南 二之段〜

67

16世紀

ファインケーキ

イングランド他（アレンジ）

　残されていたレシピは16世紀後半の頃のものです。ルネサンスが開花した時期を過ぎると、スパイスを常に多用していたレシピは少しずつ少なくなり、代わりに入手しやすくなった砂糖の量が増えていくのがこの時代の特徴です。現代のお菓子の基礎になる作り方も、この頃からだと言われています。

材料

薄力粉	120g
砂糖	60g
溶かしバター	大さじ4
クローブ・メイス・サフラン	各少々
塩	小さじ1/4
卵黄	2個
ローズウォーター	小さじ2
ドライイースト	小さじ1
ぬるま湯	小さじ2

溶かしバター → 無塩で

ローズウォーター → ない場合は水で代用

ぬるま湯 → 30℃前後がベター

作り方

1 小さいボウルにドライイーストとぬるま湯を加えます。

2 大きめのボウルに薄力粉・砂糖・スパイス類・塩を入れます。室温に戻したバターを加え、混ぜ合わせます。

3 別のボウルに卵黄とローズウォーターを入れ、1と混ぜ合わせます。

4 2と3を混ぜ合わせ、生地を作ります。生地が固めの場合は小さじ1の水を加えて調整して下さい。逆に生地がゆるめの場合は薄力粉を足して下さい。

5 めん棒で四角状に伸ばし、正方形または長方形の切り込みを入れます。天板にクッキングシートを敷き、静かに並べて170℃のオーブンで15〜20分ほど焼きます。ほんのり黄金色程度が理想ですが、途中表面が焦げ付くことがありますので、その場合はアルミホイルなどをかぶせて下さい。

6 あら熱をとって完成です。

Chapter 2 白き宝石は魅惑の甘さ 〜料理指南 二之段〜

69

14世紀

サンボケード

イングランド

　ヨーロッパで初夏の花とされるエルダーフラワー（Elder Flower）の花を加えたチーズタルトです。
　エルダーフラワーはハーブの一種で、マスカットのような甘い味がするのが特徴です。古代から、風邪薬として使用されていたこともありました。

材料

カッテージチーズ	40g
砂糖	30g
卵白	3個
ドライエルダーフラワー	大さじ2

ハーブティの粉末でも可能。入手できない場合は他の花のハーブでもOK

ローズウォーターまたは水	大さじ1
ロイヤルパイクラスト	1枚

作り方はp.84を参照して下さい

作り方

1　すべての材料をボウルに入れ、混ぜ合わせます。

2　パイクラストに生地を流し込み、170℃のオーブンで50分〜60分ほど焼きます。表面がこんがりするまで焼いて下さい。

3　焼きあがったら、あら熱をとってお召し上がり下さい。

癒しの薬草と中世の食
〜薬用ハーブの存在〜

　中世の食を調べはじめた頃、どのようなハーブを使っていたのか調べた時期がありました。ファンタジー好きから高じてこの世界に飛び込んだので、真っ先に「中世ヨーロッパはハーブをたくさん使った」という概念が頭の中にあったというのが理由でした。しかし、調べると実に奥が深いんだな、と考えさせられると共に、「西洋ファンタジー＝中世ヨーロッパのままではない」ことを改めて考えさせられました。

　ハーブの存在が、いかに中世当時の人々にとって大事なものだったのか。そして安易に使ってはいけなかったのかということ。ファンタジーはファンタジー、中世ヨーロッパは中世ヨーロッパ、なんですね。軽い知識は先人に失礼だな、と反省したものです。

　ハーブは古代エジプトやメソポタミアから使われた形跡があり、より細かい利用方法が示されたのは古代ギリシャ頃とされています。ハーブ＝薬草＝種類によっては安易に使うことを禁じられていたものもあるでしょう。中世ヨーロッパに入ると原則として修道院の中で栽培されることが主流となっていきました。

　古代ギリシャの医師・ガレノスが提唱した「四体液説」は、中世ヨーロッパの食やハーブにも多大な影響を残しています。「四体液＝血液、粘液、黄胆汁、黒胆汁」であり、それぞれに「熱・冷・湿・乾」の性質を持ち合わせています。人間の身体はこれらをバランスよく摂取することで成り立つ、といった考えでした。ハーブを用いた治療や食事療法もその流れを受け継いでいます。むやみに調合してはならない、ということですね。

　中世前期でハーブに対して熱いまなざしを向けたのが8〜9世紀のフランク王国のカール大帝（シャルルマーニュとも）です。カール大帝が発行した「御料地令」第70条にハーブに関する記述が残っています。

その中には、73種類のハーブや草花、16種類の樹木の名前が記述されており、現在でも栽培されているものが多く残っています。

　薬用だけでなく、食に対しての利用も視野に入れていたようで、たとえば果樹園の中でリンゴが登場するのですが、「使用用途に合わせて」4品種の栽培をよしとしています。保存用・すぐ使う用・酸味があるもの・少し甘いもの、など。中世前期からここまで細分化していたなんて驚きです。

　その後、再びハーブの利用に進化を与えたのが12世紀、中世ドイツの修道女であるヒルデガルト・フォン・ビンゲン（Hildegard von Bingen）です。ドイツ薬草学の祖とされ、現代の医学にも多大な影響を与えました。とにかく博学才女で、ハーブ利用に関する知識を広めた他、曲を作ったり作家だったりとマルチな活動を展開していたとか。現在でも世界中に彼女の賛同者がおり、命日である9月17日にはドイツでヒルデガルトにまつわる巡礼が各地で行われます。日本でもヒルデガルトを愛する人はかなり多いです。

　中世後期になると記録としてハーブの記述を多くみかけるようになりますが、その典型的な本が『健康全書（Tacuinum Sanitatis）』で、野菜やハーブ、果物や穀物などの絵が細かく残されています。ここでも四体液説が深く関わっており、ハーブの種類によって体液のバランスをどのように取ればいいのか、なども指南されています。

　現代でも体内の栄養バランスが崩れれば病気になりますし、調子も当然悪くなります。いかに人間の体内バランスが大事なのかを、如実に表してくれる本だと思います。

　食事療法としてハーブを使うことはありますが、もっぱら乾燥した状態で練りこんだり他のスパイスと調合することが多かったです。

　摘みたての新鮮なフレッシュハーブが効くように見えますが、もともと食材を加熱して調理するのが常だったので、生のまま食することは少なかったのではないか

と考えています（医療用の食事は別として）。

ではフレッシュハーブは単純に乾燥して使うことしかなかったのでしょうか？

摘んだばかりのハーブは、なんといっても鮮やかな緑色の葉や小さな果実、そして乾燥した状態より芳香性が高いのが特徴です。また、悪魔除けとしての利用も高かったことから、儀式的な場面で使われたことが多かったのかな、と考えています。

貴族の宴会では、玄関にローズマリーやミントなどの芳香性が比較的高いフレッシュハーブを散らし、到着した客人にわざと踏んでもらうことによって香りをその空間に漂わせることがありました。これから大切な宴会に先立ち、悪い霊を追い出す意味合いもあったのでしょう。ローズマリーは、悪魔除けとして、また聖母マリアの加護があるハーブとしても効力があるとされました。魔除け用ハーブでは、他にもフェンネル（ういきょう）、ヘンルーダなどが挙げられます。

また、食事をする前の「手洗いの儀式」では、ぬるま湯のボウルにローズマリーなどを入れて、良い香りのハーブウォーターとして使われています。現在でいう「フィンガーボウル」の元になった事象のひとつですね。以前再現の一環として試したことがありますが、いい香りが手に広がって、幸せな気分になったことがあります。

このように、ハーブは薬用として、食用として広く使われてきましたが、用法用量、そして「何に効くのか」という知識を有しなければなりません。そう、ハーブの中には死をもたらす種類もあるのです。

毒草は食すると軽い食中毒を起こす程度のものから、少量でも重体化するものなどさまざま。毒草と分かっていながら使っていたこともしばしばあったそうです。
　その代表格ともいえるのが「ベラドンナ（bella-donna)」といわれるナス科の薬草です。つるつるした黒い実をつけ、その抽出液を中世後期からルネサンス期の貴族の女性はこぞって使っていました。目の瞳孔を一時的に大きくさせ、瞳を魅惑的に見せることができるとされたためです。

　このベラドンナですが、英名で「Deadly nightshade＝夜明けの死」と名付けられているほど、非常に強力な毒を全草に帯びています。葉に触れるだけでかぶれを引き起こし、魅力ある実を食すると身体は瞬く間にいうことをきかなくなるでしょう。
　これほど強い毒をもっていながらも、女性たちは自らの美のために使っていたのですから、いろんな意味ですごいことだな、と思います。

また、虫除けとして現在でも使われることがあるタンジーやヘンルーダ、ペニー
ロイヤルミントなどは毒成分をもっています。虫除けやインテリア程度ならまった
く問題はないのですが、うっかり口に入れるとその毒効果が現れることがあります。

　携わっている仕事の性質上、ハーブをたくさんもらう機会が多いのですが、だい
たいは自然乾燥させた上でドライハーブの束にし、リビングや玄関に飾っています
（ハーブだけではなく、植物ならなんでも乾燥させているのですが）。
　いろんなところに吊るしていると、はたからみて「薬草魔女の部屋？」と言われ
るのですが、ずっと飾っていくわけにもいかないので、新しいハーブを入手した時
は、それらを乾燥すると同時に、古いハーブを火にくべて、大地に還す「儀式
（※）」を行っています。そこからでた少量の灰を、ベランダで育てている新たな
ハーブの肥料にします。昔はそうやっていたかどうかは分かりませんが、薬草の恵
みを大地に感謝する気持ちは大事にしたいな、と思いました。
　ハーブの存在なくして現代の薬なし。先人の医療提唱があってこその医学である
と個人的には考えています。

大地に還す儀式
　個人的に命名していますが、焚き火などを行う時に古いハーブも一緒に焼
いています。ただし、なりふり構わずに複数の種類を放り込むと、なんとも
いえない香りが漂うことがあるので、「1日1種類」と決めています。夏の夕
刻に行うと、虫よけ効果バツグンです。

Chapter 3

果実の恵みは後世と共に

～料理指南　三之段～

中世ヨーロッパの料理で外すことができない果実の存在。果樹園でたわわに実るリンゴや木の実、洋ナシなどは大切な食材であると共に、神から授かりし食材でもありました。
現在のように一年中入手できることはなかったですが、大きく実をつける木々を見て季節の変わりめを悟っていたのでしょう。

15世紀

アップルムース

イングランド他

　現在の「ムース」は17世紀頃のフランスが発祥とされる、ふんわりとした食感が特徴のクリーミーなお菓子です。16世紀以前にも「ムース」に近い単語がいくつかあるのですが、形状がまったく異なります。

材料

赤リンゴ	2個
★アーモンドミルク	1カップ
ハチミツ	大さじ1
パン粉	大さじ2
塩	少々
サフラン	ひとつまみ
★レッドサンダルウッドの粉（紅木）	小さじ1

- 赤リンゴ：できれば酸味のあるものを使います。紅玉・ジョナゴールドなど
- ハチミツ：甘くしたい場合は大さじ2
- パン粉：細かいモノを推奨
- サフラン：なくてもOK

作り方

1　リンゴは皮をむき、種を除いて1cm角に刻みます。塩水にさっとつけて、水をきって下さい。

2　鍋にリンゴを入れ、ひたひたになるまで水を入れて、火にかけます。実が柔らかくなるまで煮込んで下さい。

3　煮込んでいる間に別の鍋にアーモンドミルク・パン粉・塩・ハチミツ・サフラン・レッドサンダルウッドを入れ、弱火で温めます。沸騰しない程度に。

4　柔らかくなったリンゴを3に入れ、よく混ぜます。食べやすくするのであれば少しつぶしてペースト状にしてもいいでしょう。

5　お皿に取り出します。温かいうちにすすめて下さい。

★レッドサンダルウッド（red sandalwood）

　和名「紅木」の一種であるとされる、主に着色料として使われる素材。原産はインド南部ですが、14世紀頃のヨーロッパに入ってきているところを見ると、東方からの輸入品（＝かなり高価）であったと思われます。食材に入れるときれいなピンク色に染まります。

　香料で知られている「サンダルウッド（sandalwood/白檀）」とは種類が違うので、気をつけて下さい。

★アーモンドミルク

　中世ヨーロッパ時代では、牛乳より手軽に作ることができるアーモンドミルクの利用が主流でした。

　最近ではスーパーでもアーモンドミルクを販売していることが多くなりましたが、中世ヨーロッパ料理を作るには多少不要なものも入っているため、正直なところオススメできません（乳化剤・ビタミン剤など）。より忠実においしく作る場合は、手間はかかりますが「天然のアーモンドミルク」を作って頂いた方がよいでしょう。

アーモンドミルクの作り方

1　生アーモンド1カップ（入手が難しい場合はローストアーモンドでも可）をひたひたの水に、10～12時間程度つけます。

> 水に浸ける理由としては、アーモンド自体を柔らかくする他に、保存状態をよくするための「酵素抑制物質」を取り除くためです。この処理をしっかりしていないと、身体によくない物質を摂取することになるので気をつけて下さい

2　ざるにあげ、1カップ分の水と塩少々を入れてブレンダーまたはミキサーでよく撹拌します。

3　よく混ざったらガーゼを敷いたざるで漉し、10分ほど置いて漉しきればできあがり。なるべく早めに使い切って下さい。

> 漉した後のカスは、フライパンで炒って水気を飛ばせばアーモンドプードルとして使えます。マジパンなどの材料にでも

15世紀

ラムズ・ウール

イングランド他（アレンジ）

　貴族から庶民にかけて幅広い人々に好まれていたという、中世ヨーロッパのホットドリンクです。
　温かいアップルサイダーに白いクリームをそっと乗せるのですが、見た目が「子羊のようなフワフワした感じに見える」のが名前の由来だとか。
　身体を温める各種スパイスも入っており、寒い時期にはもってこいの飲み物です。

材料

アップルサイダー（果汁100％）・・・・・・・・・・・・・・	500cc
リンゴ ・・・	1/2個
ジンジャー ・・・・・・・・・・・・・・・・・・・・・・・・・・・・・・・・・・・・	小さじ1/8
クローブ・・・・・・・・・・・・・・・・・・・・・・・・・・・・・・・・・・・・・・・	小さじ1/4
生クリーム ・・・・・・・・・・・・・・・・・・・・・・・・・・・・・・・・・・・・	50cc
砂糖・・・	10g
塩・シナモン ・・・・・・・・・・・・・・・・・・・・・・・・・・・・・・・・・	少々（お好みで）

> 甘めにしたい場合は＋10g
> ほど追加で

作り方

1 リンゴは小さめの乱切りを約半分、すりおろしたものを約半分ずつにします。

2 小鍋にアップルサイダーを入れ、弱火で温めます。沸騰させないように気をつけて下さい。

3 生クリームに砂糖と塩を入れ、少し固めに泡立てます。

4 2の鍋に乱切り＆すりおろしたリンゴ（リンゴ果汁も）を加え、ひと煮立ちさせます。

5 スパイス類を入れ、さっと混ぜ合わせます。

6 耐熱性のマグカップなどに熱いうちに注ぎ、その上から静かに生クリームを乗せます。

7 お好みにあわせてシナモンを加えて下さい。

8 底に沈んだリンゴも合わせて召し上がって下さい。

14世紀

リンゴのタルト

イングランド

　リンゴを使ったタルトは実はかなり多く残っていますが、ここでは14世紀イングランドのレシピをご紹介します。基本はリンゴですが、季節の果実を合わせて入れてもいいでしょう。

材料

赤リンゴ	2個
ドライいちじく	1/2カップ
カレントレーズン	1/4カップ
シナモン	小さじ1/4
クローブ	小さじ1/4
ナツメグ	小さじ1/4
溶かしバター	大さじ1
砂糖	小さじ1
市販のタルト型	1個

紅玉など

お湯にしばらくつけて油分を抜きます

できればグラニュー糖

作り方

1 リンゴは3/4個を小さめの乱切りに、1/4個を表面用として薄切りにします。

2 こまかくしたドライいちじくと乱切りにしたリンゴ、カレントレーズンをボウルに入れ、軽く混ぜ合わせます。

3 スパイス類・溶かしバター・砂糖を加え、ざっくり混ぜたらタルト型に入れます。型をトントンとたたいて、表面を軽くならして下さい。焼く前にあまった混合スパイスがあれば少しふりかけてもいいでしょう。

4 薄切りにしたリンゴをのせて、予熱であたためたオーブンで170℃、35〜40分ほど焼いて下さい。

5 少し冷ましてからすすめます。

> タルト型は既製品を利用していますが、当時のタルト生地に挑戦したい！方は84ページの作り方でトライしてみて下さい。なお、当時は「器」としての役割だったこともあり、一応食べられますが、場合によっては硬くなりますので、中身を先に食べ、残りの器を牛乳等に浸して、シリアルっぽく食べてもいいかもしれません。

Chapter 3 果実の恵みは後世と共に 〜料理指南 三之段〜

中世中期以降

ロイヤルパイクラスト

北ヨーロッパ中心

　中世ヨーロッパのタルト・パイ生地は、サクサクしたものではなくどっしりとしたもので、中世前期においては「中身だけを食べるもの」という概念があったため、焼いた生地自体はお皿代わりとして作られ、食べることはありませんでした。

　現代の冷凍パイ生地で代用してもいいのですが、バターや保存料などが含まれているのでフィリング（タルトやパイ生地の中身）によっては向かないものもあるかもしれません。

　多少面倒ではありますが、気力がある場合は作って頂くことをオススメします。

材料 （タルト型1枚分）

強力粉 ・・・・・・・・・・・・・・・・・・・・・・・・・・・・・・・・・・ 110g
バター ・・・・・・・・・・・・・・・・・・・・・・・・・・・・・・・・・・・ 60g
卵黄 ・・・・・・・・・・・・・・・・・・・・・・・・・・・・・・・・・・・・・ 1個
塩 ・・・・・・・・・・・・・・・・・・・・・・・・・・・・・・・・・・・・・・・ 少々

> 甘めにしたい場合は
> 砂糖小さじ1を入れます

作り方

1 バターをさいの目切りにして、電子レンジで10秒ほど温めます（ちょっぴり溶けるぐらい）。

2 1に卵黄・塩（・砂糖）を加えて白っぽくなるまで泡だて器で混ぜます。

3 強力粉を2〜3回に分けて加え、ひたすらこねます（目安 10〜15分ぐらい）。

4 まとまったら軽く四角状にして、ラップにくるんで冷蔵庫で1時間ほどねかせます。

5 めん棒で伸ばし、パイ型（あるいはタルト型）にセットします。

6 底部分をフォークで数か所穴をあけ、160℃〜170℃程度のオーブンで40分ほど焼きます。あら熱をとって完成です。

Chapter 3 果実の恵みは後世と共に 〜料理指南 三之段〜

　オーブンを多用していますが、お菓子を作ることが多い方は「温度、低くない？」と思われるかもしれません。ご指摘の通りで、200℃以上で焼くレシピはあまりなく、軒並み160℃から180℃で設定しています。

　当時使っていた「窯」は、比較的低温であったのではないかと推測しています。正確な時間を計ることもままならない時代でしたから、最後は目視で取り出すタイミングをとっていたのかな、と思います。

中世前期

アニスとリンゴのタルト

イングランド・フランス他

　アニス（Anise）は古代エジプト時代から香料のひとつとして用いられたハーブの一種です。甘味成分もありスイーツ系ではよく用いられていました。イギリスでは13世紀頃から作られましたが、当時は一部の修道院でしか栽培できなかったため、やはり輸入に頼っていたようです。そのため王宮料理・上位階級料理として登場します。

材 料

青リンゴ	2個 → 王林など
ハチミツ	1/2カップ
サフラン	ひとつまみ → または天然の黄色着色料
コショウ	小さじ1/2
塩	少々
アニスシード	小さじ1/4
薄力粉	80g → または全粒粉
ロイヤルパイクラスト	1台 → 市販のタルト台でもOK。甘味が少ないものを推奨

作り方

1 リンゴは皮をむいて種を取り、一口大の大きさに切って柔らかくなるまで鍋で煮ます。その際の水は、リンゴの半分程度まで入れて下さい。

2 柔らかくなったら実を取り出し、ハチミツを加えてミキサーまたはフードプロセッサーにかけます。ミキサーなどがない場合はマッシャーなどでつぶしてもよいでしょう。

3 ピューレ状になったらボウルに移し、味見をします。少し甘味が足りない場合はハチミツを適宜加えて下さい。

4 3のピューレに塩・コショウ・アニスシード・サフラン（または黄色の着色料）を加えます。

5 薄力粉を加え、サクっとした生地になるまで混ぜます。練らないように気をつけて下さい。

6 タルト台に5を流し込み、軽く底の部分をトントンとたたいて空気を抜きます。予熱したオーブンに入れ、160℃で30〜40分焼いて下さい。

7 あら熱をとって、切り分けてすすめます。

Chapter 3 果実の恵みは後世と共に 〜料理指南 三之段〜

15世紀

チキンソテー・オレンジソース添え

スペイン他

　南ヨーロッパ・スペインやイタリアの料理書は、オレンジやレモンなどの柑橘系レシピを多く残しています。温暖な土地柄もあり、肉料理の材料として使われる傾向があったようです。

　現代のオレンジやレモンは品種改良がかなり進んでいるので、果実も甘く、皮も簡単にむくことができますが、中世ヨーロッパにおいては外皮が相当硬く、また果実もかなり酸っぱかったようなので、果物というより野菜として分類されていたのかもしれません。

材料

鶏もも肉 ･･････････････････････････ 2枚	できれば国産
ビターオレンジ（ダイダイ）･･････････ 2個	なければ市販のオレンジで可
100％オレンジジュース（甘味のないもの）････ 150cc	
レモン果汁 ･････････････････････････ 大さじ1	
塩 ･････････････････････････････････ 少々	できれば岩塩
クローブ･･･････････････････････････ 小さじ1	
ジンジャー ････････････････････････ 小さじ1	
オリーブオイル ･････････････････････ 適量	

作り方

1 鶏肉に塩をよく振り、10分ほどなじませます。

2 スキレット・またはフライパンを熱してオリーブオイルを入れ、鶏肉を軽く焼きます。少し茶色くなったらもう片面を焼きます。あまりこんがり焼かないように気をつけて下さい。だいたい焼けたらお皿に一度取り出します。

3 オレンジは皮をむきます。皮部分はせん切りにします。甘皮部分と種を取り除き、実を取り出します。

4 油をふき取ったフライパンにオレンジの実と皮、オレンジジュース・レモン果汁・スパイス類を加え、弱火で10分ほど煮込みます。

5 2の肉を加え、ふたをして5分ほど蒸し煮にします。水分がなくなりそうな場合はオレンジジュースまたは水を足して下さい。

6 お皿にとり、あたたかいうちに切り分け、すすめます。

オレンジはできるだけ酸味のある種類を使って頂きたいですが、スーパーで取り扱っているオレンジでも代用できます。その際は、レモン果汁を少し多めに入れるといいでしょう。

「ダイダイ」は酸味が強いため、生食には向いていませんが、調理用に使われることが多いです（例：マーマレードなど）。

14世紀

ストロベリーポタージュ

イングランド

　14世紀・イングランドのレシピに残っています。「ポタージュ」は「とろみのついたもの」という意味を持ち、トロリとした食感が珍しかったようです。ポタージュという言葉自体はフランス語であることから、もとはフランスにあったレシピをアレンジしてイングランドの宮廷に出していたのかもしれません。

　今回は市販のミートボールにかけてみました。パッと見ると、「ジャムをかけたミートボール」ですが、口に入れると意外と美味です。

材料

赤ワイン	1/2カップ
イチゴ	200g
アーモンドミルク	1/2カップ
カレントレーズン	50g
米粉	小さじ1/2
砂糖	60g
コショウ	少々
ジンジャー	小さじ1/2
シナモン	小さじ1
赤ワインビネガー	小さじ2
溶かしバター	小さじ1/2
サフラン	少々
ザクロの実（種入り）	適量
★ガランガル	小さじ1/4

> 冷凍でも可

> とろみ用に使います

> ない場合はクランベリーで代用可

作り方

1 水で洗ってヘタを除いたイチゴとアーモンドミルク、赤ワインをミキサーに入れ、撹拌します。

2 ソースパン（または小鍋）に1を入れ、温めます。沸騰しないよう、気をつけます（中火程度）。

3 2に米粉を少しずつ加え、ソースを伸ばしていきます。

4 カレントレーズン・赤ワインビネガー・バター・砂糖・ガランガル・スパイス類を3の鍋に加えて混ぜます。

5 弱火にして、5分ほど焦げないように木べらでかき混ぜます。

6 火からおろし、あら熱をとったら焼いた肉などに静かに流します。ザクロの実をそっと添えて下さい。

★ガランガル

　ショウガ科の植物で形は一般的なショウガですがピリっとした辛みがあります。中近東方面から輸入されたものではないかと思われます。

15世紀

ベリーのタルト

フランス他（アレンジ）

当時よく使われた、スパイスやベリー類をふんだんに入れたタルトです。
食べやすいよう、生クリームを入れたアレンジとなっています。

材料

生クリーム ……… 1/3カップ
甘口の赤ワイン …… 1/4カップ
牛乳 ……………… 1/4カップ
卵黄 ……………… 2個
イチゴ・各種ベリー類
（お好きなもので）… 100～150g
ドライデーツ ……… 30～50g
ハチミツ ………… 20g
サフラン ………… 小さじ1/4
ドライジンジャー … 小さじ1/4
クローブ ………… 小さじ1/8
タルト台 ………… 1台

作り方

1 ソースパン（または小鍋）に牛乳・生クリーム・ワイン・スパイス各種を入れて、弱火で5～7分ほど加熱します。温めたら火からおろして少し冷まします。

2 別の容器に卵黄とハチミツを加えて泡だて器でかき混ぜます。1に加えます。

3 イチゴ・ベリー類・デーツを小さいサイコロ状に切り、タルト生地に入れます。その上から2のクリームを流し込みます。

4 予熱したオーブンに入れ、170℃で45～50分じっくりと焼きます。焼きあがったらあら熱をとって切り分けて下さい。

14世紀

洋ナシのワインシロップ

イングランド他

　洋ナシ（Pear）を多用したレシピは、主にイングランドに多く残っています。シャキシャキとした食感、火を通した時の柔らかさが特徴です。ソースやタルトの他、肉料理の付け合わせとして添えられることもあったようです。

材料

- 洋ナシ……………2個
- 赤ワイン…………1と1/2カップ
- 砂糖………………60g
- シナモン…………小さじ1
- ドライジンジャー……小さじ1/2
- クローブ（粒）………6〜8粒
- レモンジュース
  （またはレモン果汁）…小さじ1/2

作り方

1. シナモンと赤ワイン、砂糖をソースパン・または小鍋に入れ弱火で温めます。焦がさないようにして下さい。
2. 洋ナシは皮と種をとり、食べやすい大きさに薄切りにします。
3. 1の中に洋ナシを静かに入れ、10分ほど煮ます。途中、赤ワインソースがなくならないように気をつけます。
4. 煮込んだら、クローブとドライジンジャー、レモンジュースを合わせたものを3の中に入れます。
5. 洋ナシとシロップを冷やし、すすめます。

Chapter 3　果実の恵みは後世と共に　〜料理指南　三之段〜

15世紀

洋ナシのコンフォート

フランス他

　コンフォート＝コンポート（果物の甘煮）のことです。ジャムとは異なり、果実の部分を少し残しているので、甘味が足りない料理の上からかけていたり、ソースとして使っていたのではないかと思います。

材料

洋ナシ …………… 2〜3個
赤ワイン ………… 2カップ
水 ………………… 適量
砂糖 ……………… 1カップ
ジンジャー ……… 小さじ1/2

作り方

1　洋ナシは皮をむき、底の部分をカットして立たせるようにします。

2　深めの鍋に洋ナシを入れ、ひたひたになるまで水を加えます。同時に赤ワインも半分（1カップ）加え、実が柔らかくなるまで煮込みます。この時煮込みすぎて実が崩れないように気をつけて下さい。

3　柔らかくなったら残りのワイン・砂糖・ジンジャーを加えてひと煮立ちさせ、洋ナシをお皿に盛ります。残ったシロップも煮立てて、とろりとしたら洋ナシにかけます。温かいうちにすすめて下さい。

Chapter3 COLUMN

貴婦人のそばに美しき花々あり
～中世ヨーロッパの薔薇・百合・菫たち～

　中世ヨーロッパに残された精密画や版画、刺繍（タペストリー）には、当時の人々の生活の姿や自然の様子が多く描かれています。植物界の中でも「果物や野菜」は、現代までに何度も品種改良をした関係もあり、昔と今とでは形や味が異なるものが少なからずあります。

　一方、花木などの植物は、現在ヨーロッパに分布している種類については、昔とそんなに変わらないのかな、と考えています。

　その中でも、おそらくもっとも愛され、精密画に描かれる数も多かったと思われる3種類の花に焦点をあて、食生活や文化との関わりをみていきます。

　バラ・百合・スミレに共通するのが「聖母マリア」の存在です。

　中世当時、聖書に書かれた出来事を視覚的に再現して説いていくミサ典書や時祷書の挿絵などには、マリアの姿の周りに必ずといっていいほどいずれかの花々が描かれます。慈愛・純潔・謙虚さの現れとして、多くの人々の心を癒してきたのです。

薔薇（ばら）（Rose）

　今も昔も変わらぬ花の女王であり、品種改良で現在も多くの新種が誕生しています。日本ですと、春と秋に全国各地のローズガーデンが賑わいますね。バラのジャムやお化粧用のローズウォーター、ローズキャンディなど普段見かけない商品にいつも財布のひもが緩みます。

　バラの誕生は3000万年前とも3500万年前ともいわれています。複数説ありますが、ヒマラヤ付近から広がっていったのではないか、という説が有力です。

　紀元前の文明にもバラの記述が残っていることから、いかに人々を魅了し、愛され続けていたのかがなんとなく伝わってきます。当然、中世ヨーロッパでもバラは

多大なる影響を及ぼしていました。

　バラの美しさは時に背徳的なものとされ、信仰の妨げになるとして修道院の中の
みで栽培されたこともあったようですが、野生のバラは、さまざまなところで咲い
ていましたから、人々が触れることを完全に禁止していたわけではないと思います。

　中世ヨーロッパ料理のレシピの中にもバラの記述はあり、もっぱら「ローズ
ウォーター（Rose water）」としての利用が多かったです。現代でもローズウォー
ターはありますが、比較的入手しやすいのは美容化粧水ではないでしょうか。たま
に「化粧水でも料理に使っていいんですか？」という質問を頂くのですが、「食用
のローズウォーター」がありますのでそれを使って下さい（インターネットの通販
などで入手可）。

　そもそものお値段が高いので、実際に料理に使う時は小さじ1杯程度にとどめて
います。香りも強めなので、少量で十分です。

　料理の種類としてはポタージュやソースなどの液体物、デザートに入れることが
多いです。肉料理はスパイスで味付けされることも多いので、香りを楽しむという
意味ではあっていると思います。

　甘味シリーズの中でも「バラの砂糖菓子」は、贅沢を超越した贅沢品のひとつ
だったのではないかと思います。時代が進み、オーストリアのハプスブルク王家皇
妃・エリザベートが愛したお菓子でもあります。彼女が食したのはバラの花びらを
砂糖で漬けたもので、見た目も香りもお値段も一級品。一方の中世ヨーロッパでは、
ローズウォーター（時にはスミレも使用）を砂糖水と合わせ、それを固めたキャン
ディ風のスイーツがあります。いわゆるバラのキャンディですね。当時の砂糖は大
変高価なものだったので、どちらにせよ上流階級にいる人々の口にしか入らなかっ
たことでしょう。

　料理の香料だけではなく、天然の着色料としても使われたようですが、鮮やかな
赤やピンクという感じではなかったかと思います。赤い着色料はレッドサンダル

ウッドという植物を使うのがメジャーでした。バラより比較的安価という理由もあるかもしれません。

貴族や王族の宴会では食事前に「手洗いの儀式」というのがあるのですが、そこでもローズウォーターやバラの花びらを浮かせたぬるま湯がボウルに入れられた状態で出され、客人はそこで指を洗ってリネンの布で水をふき取っていました。通常はローズマリーなどの芳香性のあるハーブが使われますが、バラを使うということは当時としてはかなり贅沢なことだったようです。そう考えると、現代のバラ風呂は贅沢中の贅沢ということになりますね。

「薬用」としてのバラの使い方もありました。滋養強壮、火傷の炎症を抑える、止血など。バラ自体が「冷やす」効果があるとされていたようです。またバラの実であるローズヒップ（Rose hip）も薬用の一種として使われていたかもしれません。ビタミンが大変豊富で、現代でも美容にいいお茶として飲まれることが多いです。

バラは食生活や普段の生活の中でも影響力が比較的大きい方ではないかと思います。中世ヨーロッパの歴史的事件にもたびたび登場しますが、大きく関わったのがイングランドで勃発した「バラ戦争（Wars of the Roses）」ではないでしょうか。
　バラを紋章として掲げていた「白バラの」ヨーク軍と「赤バラの」ランカスター軍が争った戦いです。激闘の末ヨーク軍が勝利しましたが、その後2つのバラは併合され、テューダー朝という新たな時代が到来しました。

　春と秋に全国各地で開かれるローズガーデンや植物園などで華麗に咲き誇るバラは、幾重にも重なる花弁とふんわりとした色合いの品種が人気です。これらは近世に品種改良を重ねてきた最近のバラがほとんどです。もし、中世や古代から咲いていたバラをお探しであれば、花弁が4〜5枚の、ちょっと質素に見える白い「アルバローズ」と赤い「ガリカローズ」という種類を見つけてみて下さい。
　どことなく、ランカスター家とヨーク家の紋章に似ていませんか？

⚜ 百合（Lily）

　旧約聖書の中で、大天使ガブリエルから神の子を身ごもった報告を受ける「受胎告知」の場面では、だいたいの絵画に驚く聖母マリアとガブリエル、そして百合が描かれています。「マドンナリリー（Madonna lily）」と呼ばれる大きな花弁の白百合は、純潔の象徴としてキリスト教では広く認知されています。

　日本で見る白い百合というとテッポウユリが挙げられますが、マドンナリリーとは異なります。ただ見た目が酷似しているので、テッポウユリの英語名は「イースターリリー（Easter lily）」と名付けられています。

　また、結婚式などでも用いられる白く大きな花の百合は「カサブランカ」という、1970年頃に生産された品種改良された花です。

　実は、日本国内でマドンナリリーをみかける機会は少ないです。ヨーロッパや中近東に分布しているのですが、生育環境が日本では異なるため、ヨーロッパの気候に比較的近い、北海道の一部の地域で観賞用の栽培をされていると聞いています。稀にフラワーショーなどで見ることができるかもしれません。

　薬用としては、火傷や皮膚の病気などに効き、根を軟膏にして使っていた記録が残っています。百合の抽出液とハチミツを混ぜた百合のシロップも薬用として使われ、喉の炎

Chapter 3　果実の恵みは後世と共に　〜料理指南　三之段〜

99

症や整腸作用に効果があったそうです。また、出産時の鎮痛薬として百合から取れた油を用いたともありますが、これは本当かどうか定かではありません。

　ちなみに日本や中国などの東洋では、根の部分を「百合（びゃくごう）」と呼び、喉の炎症や利尿作用に効果があります。西洋と東洋では若干効能が異なるようですね。

　食用としての百合ですが、残念ながら知りうる限りの記録には百合を用いた料理レシピはありません。現在でもスーパーでたまに見かける「百合根」は食用として使われていますが、飢饉の際に百合根を乾燥して粉状にし、それをパンにして焼いたともあります。花の部分は食卓上では鮮やかな飾りのひとつとして使われたのでしょう。

　百合を乾燥させたドライリリーというのが海外では生産されていますが、主にポプリやインテリア用、時には魔術用品として使われます。ブレンドティーに加えることもできますが、専任アドバイザーの指示のもとで使わなければならないという注意書きがされていました。やはり、なかなか気軽に口にすることはできないようです。

　フランスをはじめとしたヨーロッパの王族階級や町の紋章として掲げられることが多い「フルール・ド・リス（fleur-de-lis）」は、百合の形をしているといわれますが、実際はイリス（アヤメ）の形であるとされています。フルール・ド・リスを直訳すると「百合の花」という意味になるので、そのあたりと混同してしまっているのかもしれません。

　現在でもさまざまな街や団体、王家が紋章として使っています。ここまで多くの紋章に採用された花はそう多くないと思います。花の女王のバラは気高き象徴である一方、百合は神に守られし象徴として広く受け入れられているのでしょう。

菫(すみれ)（Violet）

凍える寒さから暖かい春へと変わる季節、可憐で小さい花を咲かせるスミレ。昔に比べて、野草で見かけることは少なくなりました。中世ヨーロッパではスミレもまた聖母マリアの象徴として崇められ、大事にされてきましたが、料理などにもよく使われていました。

スミレにも、さまざまな種類がありますが、「ニオイスミレ（sweet violet）」と呼ばれる種類が比較的万能に使うことができます。

料理面からひもといていくと、スミレのポタージュやソース、プディングなどのレシピが中世イングランドやフランスに残されています。香りも強く、芳香性にも優れていましたので、貴族や王族はこぞって宴会のメニューに入れていました。スミレもバラと同様、砂糖漬けにして食されたこともあり、後世まで作り続けられています。

Chapter 3 果実の恵みは後世と共に 〜料理指南 三之段〜

料理の着色料としても大事な存在で、「紫の着色料」として他の料理の色付けに
も使われていました。紫色は、古来より高貴な色とされていましたので、料理に導
入することで自らの地位をより確立したかった貴族や王族もいたのかもしれません。
　同じ着色料でも染料としての紫は、高貴で貴重な存在でした。絵画や服を染める
ために使用する紫系染料の中でもトップクラスに高いのが「貝紫(Royal purple)」
という種類で、貝の分泌物を日光にさらすことによって抽出可能な紫色を用いてい
ます。現在でも使われることがありますが、1g1万円以上と高額なため、いかに貴
重なのかが分かります。
　カトリック教皇や枢機卿などが着用する法衣も紫を多用したものが多かったこと
から、特別な地位にいる人にしか使えなかったのでしょう。

　ちなみに現在製菓店などに置かれている食用の天然色素はムラサキイモを使って
いることが多く、スミレから抽出できる色はそんなに鮮明ではなかったのかな、と
思います。実際自分の目で見てみたいのですが、昔ほどスミレが多くないのと、お
そらく相当大量に摘まなければいけないことを考えると、なかなかお目にかかれな
いでしょうね。

　薬用としての利用もあります。不眠症、目の痛み、頭痛の鎮静効果があるとされ
ています。またスミレの葉は湿布薬としても使われたとか。ただ葉や花の部位以外
の根や種子には毒があるため、煎じる際には注意が必要です。

　時代は少し進みますが、ヨーロッパの英雄や偉人たちもスミレの虜になった記録
が残っています。かのナポレオン1世はスミレを大変愛し、妻・ジョセフィーヌの
誕生日には必ずスミレの花を贈っていたそうです。また、19世紀のハンガリー皇
妃・エリザベートもスミレを愛した一人で、彼女が愛用したスミレの砂糖漬けは、
現在でもオーストリアの王室御用達パティスリーで購入することができます。

　中世のアレンジ料理会で、エディブルフラワーという食用花を使う機会が多いの

ですが、中世風サラダやノンアルコール飲料に加えることがあります。収穫時期にもよりけりですが、なるべく食用スミレを使うようにしており、紫色の鮮やかさが中世の食卓にどう影響したのかを説明しています。少し花があるだけでもぐっと違いますからね。

なお、香りが強いため香水としても独自の発展を遂げましたが、「バイオレット」と銘打っている香水の大半は、科学的配合を行い、スミレらしくした香りが多いです。高価なスパイスで知られるサフランと理由が同じで、花自体がもともと小さいため何百何千ともいえる花を摘む必要があり、まともな香水に必要な量を採取することが困難になったことが挙げられます。そのため、天然のスミレ香料は数ccで何千円もする希少なものになってしまいました。過去の偉人や英雄がこよなく愛したスミレの香り、さぞかし高貴なものだったのかな、と思いを馳せています。

さて、3つの花の効果と中世の食文化の関係について述べていきましたが、実際の入手方法と食卓における使い方を簡単にご紹介します。

まずバラとスミレに共通することとして、「食用の素材」を使って頂きたいことです。花屋さんで入手できると思われることが少なからずあるのですが、花屋さんや植物園などで観賞用に作られている花々は、できるだけ鮮度と見た目を保たせるために、化学肥料などを多く使用しています。テーブルの上に花瓶に挿して飾ったりする分には問題がないのですが、たとえばバラの花びらをちぎって食べ物の上に散らす、ということはやらないようにして下さい。
バラもスミレもエディブルフラワー（食用花）としての種類がありますので、そちらを使って頂くようお願いします。

また、バラの項で少し触れましたが「ローズウォーター」と銘打っている大半は化粧用として流通しています。こちらも製菓店などに食用ローズウォーターが置いてありますので、そちらを入手して下さい。

Chapter 3　果実の恵みは後世と共に　〜料理指南　三之段〜

どうしてもバラの花びらをなんらかの形で使いたい！　という方は、フィンガー
ボウルに浮かべてみてはいかがでしょうか？　中世の貴族の宴会では必ず食事の前
に手を洗う儀式があり、バラやローズマリーを浮かべたぬるま湯を用いていました
ので、そちらに使った方がいいでしょう。

　スミレの食用花が入手できた場合は、炒めたり煮込んだりということはせず、そ
のままの姿でグリーンサラダに散らしたり、透明のゼリーの上にちょこんと乗せる
と最大限に映えます。透明のゼリーは、果物の缶詰のシロップを少し薄めてゼラチ
ンで冷やし固めたものを使うことが多いです。砂糖水を固めてもいいのですが、個
人的にはシロップがいいかなと思います。
　ちなみに中世当時のゼリーは今のように甘くなく、液体をプリン状に固めたもの
の総称を指していたので、いわゆる鶏肉や魚の煮こごりもゼリーの一種として認識
されていました。料理会などで全般にコテコテなラインナップで組んだ場合、最後
はあっさりスイーツにしますね。

　百合に関していうと、根以外は食用ではないので、無難にテーブルの上などに飾
るのがいいでしょう。花の部分をちぎってテーブルクロスの上に散らすのもアリで
すが、百合の種類によっては中心にある雌しべの部分に花粉がたくさんついており、
布につくと後の掃除がいささか大変なので、散らさずに一輪の花として花瓶に飾っ
ておいた方がいいと思います。
　オススメは客人の方がメインダイニングまでに必ず通る通路や玄関にそっと飾る
ことです。中世当時の宴会も、招待客はメインダイニングを通る前にサブホール的
なところに一度集まり、自分の名が呼ばれるのを待っていたこともあったからです。

　美しき花々は、時には食材として、薬として、そして聖母マリアに守られるよう
な慈愛に満ちた癒しの存在としてこれからも愛されていくことでしょう。

Chapter 4

神と共に生き、
神と共に食する
〜中世前期の修道院料理〜

日本の僧侶が精進料理を食べるように、時の修道士たちも厳し
い戒律を守りながら定められた食事を摂っていました。限られ
た食材で修道士たちがどのようなものを食べていたのかを紹介
します。

中世前期
家庭用または修道院のパン

イングランド他

　家庭用でも比較的良い粉で作られていたと思われるパン。修道院においては基本的に雑穀がかなり含まれたパンが多いですが、「施療院（※）」ではこの比較的白いパンが病人に出されていたようです。かなりもっちり、かつずっしりと重量があります。

　アレンジでは少し甘めにハチミツの量を多くしていますが、甘味を抑える場合は少なくしてもよいでしょう。

材料 (6〜8人分)

強力粉	255g
薄力粉	110g
米粉	10g
ビール	50cc
ドライイースト	6g
塩	小さじ1/4
ハチミツ	小さじ2
ぬるま湯	1カップ
オリーブオイル	適量

> または上新粉

> エールでも可。発泡酒は使わないこと

> 30〜40℃ぐらいがベスト

作り方

1 ビールとドライイーストを合わせ、クリーム状になるまでゆっくりかき混ぜます。

2 粉類（強力粉・薄力粉・米粉・塩）を合わせたものをふるいにかけます。

3 ボウルに1とぬるま湯、ハチミツを入れ、2の粉を3回に分けて加えます。最初は木べらでサックリと混ぜ、3回目の粉を入れる際は手でまとめるように混ぜます。

4 5分ほどこねます。手にくっつきやすくなる場合は打ち粉（強力粉）を手につけてもいいですが、使い過ぎに注意。

5 生地をまとめたらボウルに入れ、全体にオリーブオイルを手でさっと塗っていきます。水で湿らせたリネンの布巾などをかぶせ、一次発酵をします（30〜40℃程度の場所で40〜60分ほど）。

6 生地が2倍以上の大きさになったら、中心部分に拳を入れ、ガス抜きをします。また布巾をかぶせて二次発酵をします（20分ほど）。

7 生地を3分割の丸型にして、天板に乗せます。予熱をかけたオーブンに入れ、200〜220℃で約25〜30分かけて焼きます。

8 あら熱をとって食卓へ。

施療院（hospital）

　修道院の中に設置された簡易病院の一種で、貧しい人々が治療を受けたり食事を施してもらうことができました。貧者の救済も修道院の大事な役割のひとつだったのです。比較的大都市に設置された修道院が、施療院を兼用していることが多かったようです。

Chapter 4 神と共に生き、神と共に食する 〜中世前期の修道院料理〜

中世前期

お肉のボール

イングランド他

　修道士は基本的に4足歩行の家畜の摂取を禁じられていたため、肉＝鶏肉を食べていたことが多かったようです。旧約聖書・創世記の中で神が最初の7日間でさまざまな生き物を創造しましたが、罪の要素をもたない魚と同日に創造された（作られた）鶏に関してはかなり寛容だったとも。同名でペースト状の料理もありますが、今回は少しアレンジを加えたミートボール形式にしました。

材料 (4～5人分)

鶏挽き肉	150g
玉ねぎ	1/2個
にんにく	1/4かけら
クローブ	小さじ1/2
塩	1つまみ
パン粉	大さじ2
コンソメスープ（チキンスープストック）	2カップ
オリーブオイル	適量

作り方

1. 玉ねぎはみじん切りにして水に少しさらし、にんにくもみじん切りにします。

2. ボウルに挽き肉と1、クローブ・塩・パン粉を加え、手でざっくりと混ぜます。一口大のボール状にします。

3. 温めたコンソメスープに2を静かに入れ、5～7分ほど弱火で煮込みます。

4. 中まで火が通ったことを確認したら、一度取り出し水気を切ります。

5. フライパンにオリーブオイルを熱し、4を加えてきつね色になる（または少し焦げ目がつく）まで焼いていきます。強火で焼かないこと。

6. お皿に盛り、温かいうちにすすめます。残ったコンソメスープをかけてスープボールにしても美味しいです。

中世前期

枝豆のフリッター

イングランド他

　豆類は修道士たちの主食のひとつでもあり、保存性に大変優れていました。
　種類はさまざまですが、レンズ豆・ひよこ豆・そら豆は上流階級のレシピでもよく登場します。主にスープに入れて食することが多かったようです。

材料 (4人分)

枝豆(冷凍でも可)‥‥150g
玉ねぎ‥‥‥‥‥‥1個
クローブ(粒)‥‥‥小さじ1/4
にんにく‥‥‥‥‥小さじ1/4
オリーブオイル(揚げ油用)
　‥‥‥‥‥‥‥‥適量

> より食べやすくするには、2の混合物に小麦粉と水を混ぜ合わせ、天ぷらの要領で揚げていくといいでしょう

作り方

1　枝豆は茹でて豆を取り出し、少し冷やします。

2　玉ねぎはみじん切りにして、1と混ぜ合わせてボウルにあけ、粗くつぶしたクローブとにんにくを加えて混ぜ合わせます。

3　フライパンに半分程度のオリーブオイルを加えて熱し、2の混合物をスプーンですくい、5分ほど揚げ焼きします。

4　油をキッチンペーパー等できって温かいうちにすすめます。

Chapter 5

騎士が運びし文化の流入

～中世アラブ料理～

中世ヨーロッパのレシピは香辛料を多用する傾向がありますが、
当時の調理方法や味付けで影響が大きかったのは、中近東・ア
ラブ方面にある食材でした。十字軍の遠征によってもたらされ
た食材の数々は後世の料理レシピに多大なる変化をもたらした
といっても過言ではありません。

13世紀以降

バリダ

アラブ

　中世アラブのレシピに残されたチキンソテーです。大きな特徴はふんだんにスパイスを加え入れたハーブソースで、「ムリ（murri）」と呼ばれる大変塩辛い調味料で調えるため、ほんのちょっぴり舐めるだけでも身体に電撃が走るほど塩辛い味だったと思います。鶏肉の上に少し乗せて、頂きます。

材料

鶏もも肉 …………………………………………… 200g
塩 ……………………………………………………… 少々

《ハーブソース》
白ワインビネガー …………………………… 1/2カップ
ムリ（中世アラブの混合調味料）………… 1/2カップ
> ムリの作り方はp.115を参照

キュウリ ……………………………………… 1本
> 皮をむいて使います

オリーブオイル ……………………………… 少々
フレッシュハーブ …………………………… 全部で1/2カップ前後

> タイム・コリアンダー・ミント・セロリの葉など

混合スパイス ………………………………… 全部で小さじ1/2前後

> 黒コショウ・ドライタイム・クミン・シナモン・
> コリアンダーシード・キャラウェイシード・ドラ
> イエレキャンペーン・ドライルー　のいずれか
> 数種類

作り方

1　鶏肉は食べやすい大きさに切り、両面に塩を擦り込みます。

2　フライパンにオリーブオイルを熱し、強火で鶏肉を焼きます。表面がほのかに色づく程度でOK。焼いたらお皿にあけ、少しあら熱をとります。

3　ハーブソースは、フードプロセッサーに材料を全部入れ、ペースト状にします。緑っぽくなればOK。

4　スプーンでソースをすくい、鶏肉の上に乗せ、すすめます。

中世中期

王様好みのソテー

スペイン他

　ムリ（murri）は中世アラブ料理でよく登場している、混合調味料の一種です。

　塩を大量に使っているため、保存がかなり効き、また少量でも味がつくぐらいの濃さになっています。

　13〜14世紀、南スペイン・アンダルシア地方に残るレシピを元に少しアレンジを加えています。

　スペイン・イタリアなどの南ヨーロッパは、アラブ諸国との貿易が比較的盛んだったこともあり、食材も少なからず影響があったと思われます。

材料

ラムチョップ（骨付き）‥‥‥‥‥‥‥‥‥‥‥ 6〜8本
ドライパセリ ‥‥‥‥‥‥‥‥‥‥‥‥‥‥‥ 適量

《ムリ（murri）》

ハチミツ ‥‥‥‥‥‥‥‥‥‥‥‥ 50g
マルメロの実（またはカリン）‥‥‥ 2〜3個

> 種をとって薄切りにする

少し焦げ目にトーストしたパン ‥‥ 3枚
松の実 ‥‥‥‥‥‥‥‥‥‥‥‥‥ 20g
デンプン ‥‥‥‥‥‥‥‥‥‥‥‥ 大さじ1

> コーンスターチでも代用可

★イナゴ豆 ‥‥‥‥‥‥‥‥‥‥ 大さじ1
アニスシード ‥‥‥‥‥‥‥‥‥ 小さじ2/3
フェンネルシード ‥‥‥‥‥‥‥ 小さじ2/3
サフラン ‥‥‥‥‥‥‥‥‥‥‥ 少々
塩 ‥‥‥‥‥‥‥‥‥‥‥‥‥‥ 200g
水 ‥‥‥‥‥‥‥‥‥‥‥‥‥‥ 2カップ
レモン果汁 ‥‥‥‥‥‥‥‥‥‥ 小さじ1

作り方

1 ムリを作ります。ハチミツをソースパンにあけ、弱火で焦がさないようにかき混ぜます。濃い飴色ぐらいになるまで熱し、混ぜて下さい。

2 アニス＆フェンネルシード・松の実はフードプロセッサーなどで粗めに砕きます。

3 1の鍋に2とレモン果汁を除く他の材料をすべて入れて、60分〜90分ほどかき混ぜながら煮込みます。途中、水気がなくなりかけたら水を足して焦がさないよう気をつけます。

4 キッチンペーパー、または麻布で3の液を漉し、不純物を取り除きます。ポテトマッシャーなどで果実をつぶしてもいいでしょう。

5 レモン果汁を加えて軽く混ぜてできあがり。保存用の瓶などに入れて冷蔵庫へ。

6 ラム肉はフライパンで表面に薄く焦げ目がつく程度にソテーし、さらに180℃のオーブンで2分ほど焼きます。

7 フライパンに5のムリを少量加え、肉と絡めてさっと炒め、ドライパセリを散らしてすすめて下さい。

★イナゴ豆（Locust bean / carob）

地中海原産のマメ科の植物。果肉部分に糖分が含まれており、古代エジプトなどでは甘味料のひとつとして使用されていました。「イナゴマメ」という名称では見つけにくいため、粉状にした「キャロブ（carob）」を探すといいでしょう。

Chapter 6

王族の戴冠式メニュー

中世ヨーロッパに存在した王族や領主たちは、自身の力を誇示するため宴会の場においても贅沢さを前面に出していました。とかく、ただでさえ値段が高い「香辛料（砂糖・塩を含む）」は、大量に使えば使うほど資金があることを明示していたのです。ここでは、ある国王・領主の宴会料理の一部をご紹介します。現代のご自宅で調理するのは多少困難なので、分量は記載しません。あくまでもご参考程度ということで。

中世全般

王に捧げる、いとも豪華な捧げもの

イングランド・フランス他

　いわゆる「豚の丸焼き」は中世ヨーロッパの宴会でも少なからず登場しますが、客人は決して丸焼きに自分から手をだすことはありません。肉切り係によって取り分けられるのが普通だったからです。また、余興の一環で豚の丸焼きが利用されることもあります。主から命を受けた騎士が派手に剣を振りかざし、丸焼きをかち割った中から登場する「生きた鳩（聖霊の象徴）」を天高く放ち、神の加護を願っていました。

材料

豚頭
卵黄
塩
季節の果物

リンゴや洋ナシなど、その時期に収穫できる果物で

作り方

1 豚の頭は毛などをキレイに取り払い、水で軽く洗います。

2 口の部分を少し開き、半開きになるよう鉄の球などで固定します。

3 塩をまんべんなく擦り込み、卵黄を解いた液を全体に塗ります。

4 窯に入れ、3〜4時間ほど焼きます。途中、卵黄液を適量塗る作業を忘れずに。

5 焼きあがったら口の部分にリンゴなどの丸い果実を挟み、大きい皿の上に豚頭を乗せ、季節の果実で回りを装飾します。

6 領主・国王の前まで丁寧に運んで下さい。

中世後期

マジパンの装飾菓子

フランス他

　「マジパン」というと、現代でも洋菓子店で見かける色とりどりな「食べられる装飾菓子」です。アーモンドプードルと粉砂糖を混ぜ込み、粘土状にした生地に着色していきますが、中世の頃も飾りのひとつとして、豪華絢爛に作っていたことでしょう。

材料

アーモンドプードル
（またはアーモンドパウダー）
砂糖（粉砂糖が理想）
ローズウォーター
着色料各種
（レッドサンダルウッド・サフラン・ミント・スミレ等）

作り方

1 アーモンドプードルと砂糖、ローズウォーターを合わせ、粘土状の生地を作ります。

2 パウダー状の着色料を加え、好きな形に整えます。

3 タルトやケーキの上に装飾したり、タルトの上にかぶせる「フタ」を作ってもいいでしょう。宴会の客人が喜ぶ、想像力を最大限に引き出した「食せし装飾」を作ってみて下さい。

中世後期

金のリンゴ

北ヨーロッパ

　宴会にはたくさんの料理が並べられますが、「奇想天外料理（イリュージョンフード）」もあり、客人の目を欺くような凝った作りのメニューがいくつか存在していました。「金のリンゴ」もそのうちのひとつで、あたかも金色に輝くようなリンゴを果物のつもりで食したら、たっぷりの肉汁があふれ出るのですから、さぞかし驚いたことでしょう。
　客人をもてなすということ＝味覚的・視覚的にも楽しんでもらうという、招待側の計らいと同時に自身の権力も誇示することができました。

材料

《ミートボール》
牛挽き肉（または牛肉を細かく砕いたもの）
カレントレーズン
スパイス各種（クローブ・シナモン・カ
ルダモン・ジンジャー）
卵黄
塩

《生地》
薄力粉
卵黄
水・ローズウォーター

《色付け用》
レッドサンダルウッドの粉末・サフラン

作り方

1 ミートボールの材料をすべてボウルに
あけ、よく混ぜ合わせます。

2 一口大の大きさに丸くして、オーブン
で15分ほど焼きます。焼きあがったら
あら熱をとります。

3 ミートボールを包む生地は薄力粉・卵
黄・水を加えて少し固めの生地にしま
す。ローズウォーターを少々入れます。

4 2のミートボールを3の生地で包み込み、
リンゴのような形に成型します。大き
すぎると焼くのに時間がかかるので気
をつけましょう。

5 色付け用のサンダルウッドとサフラン
は水に少量つけ、ハケなどを使って4
のボールの表面を塗ります。

6 再びオーブンで焼き、最後にもう一度
色付け液を塗って下さい。

7 果物を入れる容器の中にそっとしのば
せて「驚きの料理」として提供しま
しょう。調理人によっては、リンゴの
葉を添え、より本物に近い形で食卓に
出していたこともあったようです。

Chapter 6

王族の戴冠式メニュー

Chapter6 COLUMN

実録・華麗なる失敗作

❦ レバーペースト・アーモンドミルク煮込み

　鶏と豚のレバーをミンチ状にして、アーモンドミルクでひたすら煮込む、ディップに近い料理。市販のアーモンドミルクを投入したために、レバー臭さと乳化剤などの食品添加物がまぜこぜになって、なんともいえない臭いが充満しました…。

❦ レント（四旬節）のフリッター

　イースター（復活祭）の前の約40日間は断食期間になるため、食材も制限されていました。「レモンのフリッター」（p.64）が当てはまりますが、レモンの水分を取らずに衣につけて油に投入したので、できあがりがベトベト＆油が盛大に飛び跳ねてキッチン周りの掃除が大変でした。レモンの形が分かるよう、衣自体も薄くくぐらせてつけただけなので、余計助長させてしまったようです。オリーブオイルよりゴマ油の方がいいかもしれないなぁ、と思いました。

洋ナシのコンフォート（試作段階）

　洋ナシの生果実がなかった（たまたま売り切れていた）ので、シロップ煮の缶詰で代用できるでしょ、と意気揚々で使ったのですが、もともと柔らかく煮込んであるものに、さらに赤ワインなどで煮込みまくるので形がほぼ消えていました。またどす黒い色にもなり、食欲が一気に失せた記憶があります。味は悪くなかったのですが（p.94が成功例ですので比較してみて下さい）。

Chapter6 COLUMN2

イギリス・中世祭体験記
~守り継がれる先人の歴史~

旅のきっかけはネットサーフィン。

　日本で中世ヨーロッパの文化をもっと楽しく理解できるような経験ができればいいのに、と思いを馳せた〇年前のこと。なかなか体験できるところがなければ、イベントもないし、図書館やテレビのドキュメンタリー番組でヨーロッパの歴史を視覚的にお勉強していた日々。

　インターネットが次第に普及し始めて、動画サイトや海外のウェブサイトを安易に見ることができるようになりましたが、やはり中世ヨーロッパの文化体験をしてみたい、という思いが強かったです。

　そんな中、ネットサーフィンをして見つけたのがイギリスで毎年開催されている「テュークスベリー中世祭り（Tewkesbury Medieval Festival）」の公式サイト。テュークスベリーは15世紀末期、かのバラ戦争（Wars of the Roses）の最終決戦ともいえる戦いの舞台であり、ここで行われた決着がその後のイングランド王政を大きく変化させたことでも有名です。

　アメリカでは「ルネサンス・フェア」という名目で、中世の姿をした人々が祭りを盛り上げるというのは以前から知っていたのですが、イギリスの歴史ある地で当時の再現をことこまかに行うということですから、「これは…行きたい！」と、頭の中をイナヅマが駆け巡りました。

　しかし、「この歴史ある伝統的な再現祭りにはたして日本人が勝手に行ってもいいものなのか」悩みに悩み、思い切って中世祭りの実行委員会にメールを送って問い合わせてみました（送るまでにものすごい時間はかかった）。
　数日後、英語で返事がかえってきまして、驚くべき内容が書かれていました。

「私たちは遠くから来られる日本の皆さんを歓迎します。というかむしろ戦いの再現プログラムにだれか参加しない？（意訳）」

という、とても嬉しいお申し出を頂きました。ただ、騎士でもなんでもないし、どうしようかと考えた結果、国内で同じ中世ヨーロッパの騎士や鎧の研究をされている方や、ヨーロッパつながりの知人に声をかけまして、うれしいことに全員挙手！　の返事を頂いたので「いざ、戦場へ！」プロジェクトが始動したのでした。

中世祭りツアーは私を含めて6名。全員並々ならぬ知識をお持ちでしたが、意外とイギリス遠征は初めての方が多かったようです（アメリカ遠征はしょっちゅういくけど）。

私ともう一人の友人は成田空港で待ち合わせて直行便でまずロンドンへ、あとの4人は「ちょっと人に会いにバンコクに立ち寄ってからいくワ。」というぶっ飛び連絡を頂いたので、現地集合ということになりました。

🌿 イギリス到着！

到着地のヒースロー空港からお迎えにきて頂いた英国紳士の車に乗り、いざ北西部のテュークスベリーへ。その途中、バッキンガム宮殿やケンジントン宮殿など、テレビや本でしか見たことのない建物がバンバン目の前に現れては車の中からキャーキャーいっていた気がします。

テュークスベリーはロンドンから車で1〜2時間ほどの、比較的小さな町です。中心地はそれなりにお店や家が立ち並びますが、少し離れるとイングランド特有のなだらかな丘が遥か先まで見渡せます。

ホテルに到着しチェックインをすませてから、市街地の一角にたたずむ「テュークスベリー修道院」にさっそく足を運びました。

中の様子をパチパチ撮りたい気持ちはありましたが、過去の歴史を生き抜いた先

人たちに敬意を払い、頭の中に見たものを焼き付けるようにゆっくりと院内を歩きました（※修道院内の写真撮影は可能ですが有料なのでご注意を）。

神々しいステンドグラスを照らす太陽の光、貴族の名が刻まれた石棺、数百年もずっと同じ位置にあった、擦り切れた石畳。すべてが新鮮かつ、過去の風を一身に浴びた感覚でした。言葉では言い表せないぐらいの重みを感じた記憶があります。ロンドン市内の大聖堂ほど大きくはないですが、それでもここに歴史の生きた跡がちゃんと残っていることに感動。

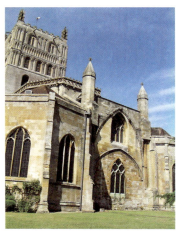

名残を惜しみつつ、修道院を後にして友人と2人で市街地のレストランで食事をしたりスーパーで買い物をしたり。暗くなってきたのでホテルに戻ろうかと時計をみたら「（夜の）10時?!　まだ明るいのに！」とちょっとしたカルチャーショック。そうか、ここは緯度が高いから日が落ちるのが遅いのか！　と今更理解しました。自然パワーはスゴイ！

祭りの会場へ

翌日、残りのメンバーが現地のホテルに無事到着し、お祭りの下見といいますか、今回いろいろ手ほどきして頂いた運営サイドの方に感謝のあいさつをしに再現祭りの会場に行ってみました。

だだっぴろい芝生があるメイン会場では、準備が少しずつ進められていましたが、中世風テントの中に移動販売車があったのが意外でした（でもそんなに違和感はなかった不思議さ）。メイン会場のそばに中世テント群がわんさか立っていたのですが、これはお祭りに参加予定の騎士ファミリーご一同が自分たちで持ってきた機材

を立てているとのこと。ダッチオーブンはもちろん、テントの中に中世風家具やイス、木机や自分たちの中世衣装の着替え一式、中世BBQ用品も持ち込んで、はなから長期滞在バリバリの本格仕様。自宅に普通にあるんだ…と、うらやましくも驚きの連続です。

　主催されている団体（だと思う）の主要メンバーは女性陣！　強い！　話を聞くと、「中世祭り自体はたまに外国人も戦争イベントにはMy鎧をもってきて少数参加している」とのこと。そうなの?!
　また「ギャラリー側で日本人はたまに見かけるけど、再現とはいえ一応戦争だからケガしやすくて危ないし、（テュークスベリーの戦いに）日本人が今まで参加したことはないと思うよ？」とも。まぁそうですよね。そんな中、今回のツアーメンバーでMyガチ西洋甲冑を持参した方が一人おられまして、その方に白羽の矢がたったわけです。コンバット経験も大変豊富なので問題なし。

　簡単にテュークスベリーの戦いを説明しますと、「バラ戦争」は白バラの紋章・ヨーク家と赤バラの紋章・ランカスター家のちょっとした身内同士の戦い。当初はランカスター軍が優勢でしたが、次第にヨーク軍に形勢が傾き、決戦の舞台「血まみれの牧草地（Bloody Meadow）」でランカスター軍のエドワード王太子とヨーク軍のエドワード4世が一騎打ちとなり、エドワード4世＝ヨーク軍が勝つ、という流れです。

　賜った任務は、「ランカスター軍」の指揮をとっていたエドワード王太子の旗持ちの役。いや、十分高い地位ですからそれ！　しかも日本人では初の公認参加ですから、これだけ誇らしいことはないじゃないですか！（当の本人も大変喜んでいたと

思います。戦いはできないですけど）。

　明日を楽しみにしつつ、その日はホテルで就寝。やっぱり22時ぐらいまで明るいと時間感覚がおかしくなりますねこれ。

⚜ 中世祭り当日！

　翌日、日の出は5時前だったので、中世タイムに合わせて起床…したのはいいんですが、窓をあけるとゴルフカートに颯爽と乗っていく英国紳士淑女の方々が次々と…。夜明けからゴルフかーい！　さすがです。

　私も日本から持参したMy中世衣装（自作）に着替えて、いざ会場へ。さすが朝からすでに賑わっておりまして、そこかしこで中世衣装に身を包んだ戦争参加者やその家族たち、一般来場の方も一部お着換えをしていました。夢のような光景…、あぁ、日本でもこれいつかなんとかやりたい！　と憧れを抱きつつ、会場内をしばし散策しました。

　テュークスベリー中世祭りは基本的に入場無料で、ドネーション（寄付運営）として任意でお支払い頂くシステムです。確かにいろんなところに募金箱ならぬ「募金人」はおりました。もちろん中世の恰好で。無理強いさせないところに優しさを感じます。

　中世の音楽を奏でる楽隊もいました。あるところで突然演奏したり、終わったら場所を変えてまた演奏したりという感じでしたので、さながら放浪楽師（ジョングルール）のような立ち位置だったでしょうか。

　その他、会場では弓矢体験コーナーがあってビギナーからプロ？向けの臨時矢場ができていたり、木の武器や弓矢、中世衣装、自主制作の本（同人誌のようなもの）などを販売するマーケットもありました。

　その中で、「本場の中世衣装が欲しい！」と衣装屋さんを物色したのですが、こ

こで意外な落とし穴。

「おとな」サイズは！ 日本人はぶかぶか！ です！ そりゃよくよく考えたら体格が全然違いますよね。結局「キッズサイズ」がちょうどよかったので数点購入しました。

現地で衣装調達する時はキッズサイズ、オススメです。恥ずかしくもなんともないので堂々と買いましょう。

日本のお祭り会場なんかは、グルメな屋台が多くでて歩きながらパクつくのが一般的なスタイルですが、ここではあまり食事できるブースはありませんでした。先述した移動販売車でホットドッグとか？ その代わり充実していたのが「お酒エリア」。やたらたくさんあったのは覚えていますが、飲んでいないので詳細は不明。また、その会場でガンガンUKロックのミニライブをやっていたので、さながら厳格な再現祭りというわけではないようです。これはこれで中世衣装の参加者の方がノリノリで踊ったりしてたので楽しいんですが。

Chapter 6 王族の戴冠式メニュー

129

再現祭りは、メイン会場だけではなくテュークスベリーの町全体も巻き込んでいますので、外に出るとこれまたいろいろな装飾が施してあって、合わせて散策しました。家の前にはたくさんの異なった紋章が掲げられ、当時の様子もこんな感じだったのかな、と想像してしまいます。

　そんなこんなで歩いていたら、家から甲冑に身を包んだお父様と中世衣装に身を包んだご家族ご一行が普通にでてきて会場に向かっていくのをみかけました。家から甲冑！　一家に1領！　甲冑を！（自分が大興奮していたのは間違いない）。町の人たちも1年に1回の大きな祭りですから、ほとんどの方がこういう形で参加されているんでしょうね。スバラシイ。

歴史的合戦開始！

　名誉ある旗持ち役を賜ったメンバーは従者役のメンバーと一緒にお祭り開始早々連れていかれたので、戦いのメインステージに移動。ランカスターエリアとヨークエリアに分かれていたのですが、なんとなく空いていたエリアで観戦することにしました（結局ランカスター軍のエリアだったんですが）。

　戦いの前に選手入場よろしく、「騎士入場タイム」があったのでちょっと見ていたのですが、これがいつまで経っても終わらない！　甲冑軍団が来たかと思えば従者軍団、また甲冑軍団、従者軍団、甲冑軍団、たまに弓矢軍団…の繰り返し。でも当時の戦いも両軍5000人程度の戦力を投入したのですから当然といえば当然でしょうか。

　さて、戦いが始まる前に司会進行役のDJおじいちゃん（勝手に命名）がこのイベントの簡単な解説とうんちくを語ってくれます。ギャラリーも

それぞれの軍を応援すべく、気合が入ります。待ち時間の間も「施しよろしくー、私たちに施しをー」と言いながら歩き回っていた農民スタイルのボランティアさんがいました。先に説明した寄付金集めですね。次回の会場運営費の要になるのですから、そこは協力すべきこと。感謝も込めていくらか渡しました。次回以降も続きますように…。

　さて、だいたい騎士入場が終わった時間を見計らって、DJおじいちゃんが戦いを進行してくれます。「この戦いは外国の人もいるんだ！　オーストラリア、アメリカ、ロシア…そして今回は日本人も！」と高らかに紹介してくれた直後、会場からは大きなどよめきが。近くにいた子供たちも「日本人がいるって！　どこだろう！」と興奮気味。伝統あるこの戦いに東洋の日本人が参加できることが自分も嬉しかったです。

　内容としては、最後の決戦の再現です。まず100人クラスの弓矢部隊が双方矢を放ちながら、両軍が分かれて少しずつ前進。いったん止まったかと思ったら、その中から漆黒の黒いドレスをまとった貴婦人が前に進みます。「はて、ナゼ？」と、あわてて祭りのパンフレットを見返すと、彼女はランカスター軍の事実上の指揮をとっていた、エドワード王太子の母・マーガレット王妃であることが判明。あ、なるほどね。
　一応、双方のトップ同士がこっちの要求を飲んだら戦いをやめてやる、とかの応酬をしていたのかと思いますが、結局決別して自軍に戻り、壮大なる戦いが繰り広げられていきます。
　しかし、その場面もいかんせんギャラリー席から遠いところでやっていたので、DJおじいちゃんの華麗補足説明でなんとか事態は理解。それだけ広いんですよ、会場が！

　弓矢部隊の矢放ち合戦から長槍隊が登場し、続いて甲冑隊が続きます。そういえば騎馬隊はありませんでした。実際も騎馬隊がいたのかは定かではありませんが。

Chapter 6

王族の戴冠式メニュー

彼らの後ろには「補給部隊」が控えていまして、いわゆる水や物資補給の役割を担っていたんですね。比較的女性が多かった気がします。

さらにその後ろやギャラリー席のそばには「ambulance」の文字が書かれた車と救急隊のジャケットを着た方が数人。リアルでケガした時の救急隊ということが分かりました。芝生に寝っ転がりながら戦いを見ていたのがけっこう印象的でした。いいなぁ、こういうのほんとしたスタイル。

とにかく、この時代絵巻は総参加数2000人を超えるので、いざメイン合戦が始まるといたるところでガッチャンバッチャン。あそこで始まったかと思うと同時に違うところでも始まっていて、もうどこから見ていいのやら…。でも当時もこんな感じだったんでしょうね。

再現とはいえ、皆さん最初から本気モードなので、しばらくすると負傷兵が続々とでてきたようで、後半は救急隊の出動回数がけっこう増えていた気がします。

そんなこんなで見ているとヨーク軍がだいぶ攻勢になり、ランカスター軍の兵力が次第に少なくなっていくのが分かりました。そして、最後のトップ決戦は1対1の王族同士の戦い。自分の紋章をかたどったギャンベゾン（パッド入り防御ジャケット）を着ているのですぐ分かります。傍らには、旗持ち役の同行メンバーの姿もありました。自分の鎧を着ていたので、着付けはうまくいった模様。

何度かのつばぜり合いが続き、最後はエドワード4世がエドワード王太子の身体を自らの剣で貫き、王太子は倒れます。ただ、いかんせん両者ともほぼ同じギャンベゾンを着ているんで、どっちがどっちか分かりにくかったです。もとは同じ一族だったのですから、紋章もほぼ一緒ですもんね。

🌿 戦いの後の「物語」

ここでの戦いはこれで終わりますが、祭りはまだ終わりません。記録によると、

この後敗れたランカスター軍は
テュークスベリー修道院に逃げ込
み、捕らえられるという流れになっ
ておりますので、部隊は修道院にう
つります。皆さんがゾロゾロ隊列を
組んで向かうので、自分も一緒につ
いていくことに。

　修道院に到着すると、いかにもガタイが立派なおじさまの手に大剣が。すぐに処
刑用の剣（エクゼキューショナーズソード）と分かりました。修道院を挟んですぐ
の小さな広間で、ヨーク軍と思われる数人の男性が、民衆に向かって捕虜にするべ
きか、処刑すべきかのジャッジを問うていた気がします。結局処刑コースになり、
修道院前の広場で「斬首刑」に。当時の騎士にとって首をはねられるのは、最大の
屈辱的処刑でもあったようです。処刑人役のおじさまは次々とはねていってました。
「首をはねた騎士のみなさま」のあわれな姿よ…（手作りの頭人形です）。
　この一連の処分をもって、テュークスベリーの戦いは幕を閉じ、お祭りも終焉に
向かいます。

　ちなみに冒頭で登場したマーガレット王妃と義理の娘であるアン王女は「高貴な
捕虜」として捕らえられたそうです。アン王女はのちにイングランド王リチャード
3世と結婚し、王妃となります。

　この中世祭りはとにかく戦闘エリアの規模が大きいのと、そんなに厳格＆かつか
つとした雰囲気ではないので、だれでも参加しやすい内容だと思いました。600
年前の牧歌的な雰囲気と勇ましくも散っていった騎士達の戦いのオーラを感じたひ
と時でした。

　祭りが終わったあと、旗持ちの本人に感想を聞きに行こうと陣営に向かったんで

すが、なぜか写真撮影タイムで子供たちと一緒に記念写真を撮っていました。相当
珍しかったんでしょうね。

　かくして、今回の主目的はこれで終わり、市街地でおいしく料理を頂きました。
知らないおじさんがきさくに話しかけてきたりしたのも嬉しかったです。多分酔っ
ぱらっていたと思うんですが、おじさん。

　テュークスベリーでの滞在は3日ほどで、その後はロンドンに移動しましたが、
たった3日間でも学んだこと・感じたことは数えきれないぐらいたくさんありまし
た。日本では絶対に体験できないこと、本やインターネットでは分からないこまか
な部分も分かり、すべてが衝撃的でした。

　帰国後、より理解できるような体験型コンテンツを本格的に企画運営していけた
のも、この旅があってこそだと思います。莫大な資金はかけられないけど、先人が
築き上げた歴史を大事にし、これからも守り続ける姿勢に賛同すべきだと。

　ステキな旅、最高の仲間たち、素晴らしい出会いに、ただただ感謝です。
日本での中世ヨーロッパの文化普及、引き続き頑張りたいです。

テュークスベリーインフォメーション
　私が行った時は、ヒースロー国際空港から予め旅行会社さんに手配して頂
いた英国紳士の車で直接現地に向かいましたが、後から合流したメンバーは
鉄道を使ってきた、とのことでした。パディントン駅からチェルトナム・ス
パ駅へ向かう電車で約2時間（途中乗り換えあり）。そこからタクシーやバス
を使って行くのがいいでしょう。
　お祭りの後は全員でロンドンに向かいましたが、特に立ち寄るところもな
い場合、チャーター便を用意した方が比較的ラクかと思います。

付録

アウラの回顧録
～中世ヨーロッパのスタイルを学ぶ～

本付録は2017年に発売された同人誌
『アウラの回顧録～中世ヨーロッパのスタイルを学ぶ～』に
新規写真を加え、再編集したものです。

回顧録・祝祭

現在の活動を始めて10年以上が過ぎました。
ほんの興味本位で関わることになった中世ヨーロッパの生活史。
カメラや携帯の普及・変化によって、
気軽に記録する環境が整ってきて、
準備や催事中も撮影できるチャンスが増えました。
海外でしか見たことのない、中世ヨーロッパスタイルの生活は
日本でも少なからず取り入れられ始めているのかな
と感じています。

日本の古民家と中世ヨーロッパの農家は、
時代や形は違えど、同じ「風」を感じる気がします。
ちょっとした、なんとなく素朴な場面を、
過去に携わった催事の記録集としてまとめました。

日本独自の「中世ヨーロッパの姿」を、
少しでも感じ取って頂ければ嬉しい限りです。

闇を照らす中世のキャンドル

❋ 東京・世田谷蜜ロウキャンドルライブ

蜜ロウキャンドルは、中世ヨーロッパの修道院を中心に使われており、慈愛に満ちた光が闇との共存を物語ります。

付録 アウラの回顧録

❄ 東京・駒込蜜ロウキャンドルライブ

食事や楽器の「色」もキャンドルのみの光に包まれると、全く異なる雰囲気に。1000年前の世界が目の前に現れます。

高原に甦る中世ルネサンスの古楽の世界

❄ 長野・はらむら古楽祭

古楽祭では古楽器の展示や体験コーナーも各種ご用意しました。

ルネサンスダンスの舞。麗しき婦人が紳士の手を取り、喜びのステップをとっていきます。

古楽隊と歌い手。美しい歌声が場内に響き渡ります。

付録　アウラの回顧録

139

主会場から森の中の教会へ、楽隊と甲冑隊が練り歩き、人々を先導します。さながら、中世の催しのよう。

秋の草と放浪楽師。笛はどのような音色を奏でていたのでしょうか？

教会の前では模擬戦闘も行いました。

「ハーディガーディ」という箱型の弦楽器。調律が大変そうです。

付録 アウラの回顧録

中世の研究と体験展示

❄ 東京・西洋中世学会

西洋中世の研究発表やシンポジウムの他にも中世の文化を体験してもらう展示会も併設されます。本やインターネットでは分からない、こまかな部分まで現物を見ることが可能です。

❄ 東京・西洋中世学会／他年度開催時

別の年に開催した時は、印刷技術の歴史をひもとく展示も数多く行われました。

付録 アウラの回顧録

143

自然の豊穣の願う祭り

❄ 千葉・中世五月祭

中世ヨーロッパの土着的要素を強く出した、小さな豊穣祭。
植物や生き物への感謝を込めた「自然の儀式」を昼から夜にかけて行いました。

枝や木の幹を集めて作った「豊穣の火」。夜に火をつけ、巫女を模した女性による踊りが捧げられました。

❄ 神奈川・緑の五月祭

五月祭の女神への儀式。新緑の木の下で、女神に捧げる歌を書き込んでいきます。

質素なテーブルとイス。普段はほとんど利用がないですが、五月祭では中世の宴会テーブルへと姿を変えます。

❄ 神奈川・中世ヨーロッパ関連総合展示会

都市部では自然が少ない分、施設を借りてひと時の中世ヨーロッパの世界を浮きだたせることもできます。

中世ヨーロッパの文化を体験する ～講座の数々～

❄ 羊皮紙彩色講座

中世の記録書「羊皮紙」を用いた彩色ワークショップ。

❄ 中世の魔女講座

中世の魔女の知識とハーブの調合体験。

付録 アウラの回顧録

147

❄ 糸紡ぎワークショップ

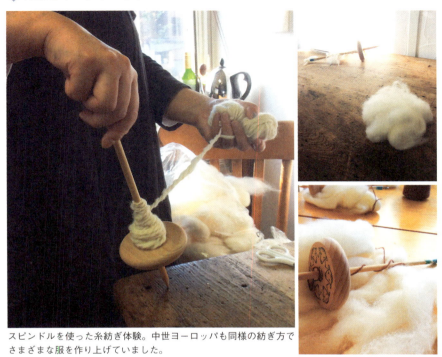

スピンドルを使った糸紡ぎ体験。中世ヨーロッパも同様の紡ぎ方でさまざまな服を作り上げていました。

❄ 中世スパイス講座

中世の食に欠かせない、香辛料に基本解説と料理ごとのスパイスの調合体験。

中世アンダルシア料理（伝）「王様のロースト」

修道院・庶民向けのパン（一部アレンジ）

修道院・豆のスープ

食の試作はヨーロッパのみならずアラブ方面や修道院、庶民が食していたと思われる素朴なスイーツなどを作ることがあります。

付録　アウラの回顧録

おわりに

　中世ヨーロッパの「食と生活」に興味を示し始めたのは、そもそもある展示会の写真がきっかけでした。

　「一角獣と貴婦人」。フランス・クリュニー中世美術館に保管されている、6枚の巨大なタペストリー群の作品です。描かれている貴婦人は誰か、また誰がどのような意図で製作し、納めたのか。はっきりとしたことはいまだに解明されていません。

　6枚のタペストリーは「人間の五感」そして6枚目の「我が唯一つの望みに（A mon seul désir）」という、美しくも謎めいた作品で構成されています。

　以前、一度だけ東京で特別展が行われた際に足を運びましたが、その大きさはもちろん、色彩、繊細な織り込み方、圧巻たる壮大な物語の表現に、ただただ唖然としていた記憶があります。

　600年前に作られたとは思えない、強烈な存在感。その中に描かれた、貴婦人と一角獣の穏やかな顔と、さりげない生活感の表現も素晴らしかったです。

　何世紀も変わらぬ遺物はこれから生き抜いていく私たちにとって当時の生活を垣間見える貴重な資料であり、推測材料でもあります。

　美しい織物の中に綴られた「未来への願い」。いつまでも残していかなければならないでしょう。

　人々の生きてきた「証」。

　これからもさまざまな形で紹介すると共に、感謝をしつつ後世に残す役目を少しでも請負うことができれば幸いです。

繻　鳳花

index

料理名索引

あ
アスパラガスのサラダ ·············· 22
アップルムース ·················· 78
アニスとリンゴのタルト ··········· 86
枝豆のフリッター ················ 109
エンバーデイ・タルト ············· 40
王様好みのソテー ················ 114
王に捧げる、いとも豪華な捧げもの ··· 118
お肉のボール ··················· 108

か
家庭用または修道院のパン ········· 106
金のリンゴ ····················· 120
クミンのスープ ··················· 20
クリッピー ······················ 65
ケルトスタイルのショートブレッド ··· 60
コッド（タラ）··················· 23
小鳥の墓 ························ 28

さ
サーモンパイ ···················· 34
サンボケード ···················· 70
ショートブレッド ················· 38
ストロベリーポタージュ ··········· 90
スノー＆スノートッピング ·········· 66

た
チキンソテー・オレンジソース添え ··· 88
中世風サラダ ···················· 19

は
バリダ ························· 112
バレンタイン祭の「ケーキ」········· 36
ヒポクラテス・ソース ·············· 21
ヒポクラテスの袖 ················· 18
ファインケーキ ··················· 68
ファンゲス ······················ 24

ベリーのタルト ··················· 92
ポーカランス ····················· 61
ホロホロ鳥の蒸し煮 ··············· 30

ま
マジパンの装飾菓子 ··············· 119
ミンチ肉のやわらか煮 ·············· 32

や
洋ナシのコンフォート ·············· 94
洋ナシのワインシロップ ············ 93

ら
ラムズ・ウール ··················· 80
リンゴのタルト ··················· 82
レモンケーキ ···················· 58
レモンのフリッター ··············· 64
レンズ豆と鶏肉の煮込み ············ 26
ロイヤルパイクラスト ·············· 84

わ
ワッフル ························ 62
ワンパウンドケーキ ··············· 56

料理種別索引

肉料理
レンズ豆と鶏肉の煮込み ············ 26
小鳥の墓 ························ 28
ホロホロ鳥の蒸し煮 ··············· 30
ミンチ肉のやわらか煮 ·············· 32
チキンソテー・オレンジソース添え ··· 88
お肉のボール ··················· 108
バリダ ························· 112
王様好みのソテー ················ 114
王に捧げる、いとも豪華な捧げもの ··· 118
金のリンゴ ····················· 120

魚料理

コッド（タラ）····························· 23
サーモンパイ ··························· 34

野菜料理

中世風サラダ ··························· 19
クミンのスープ·························· 20
アスパラガスのサラダ ··············· 22
ファンゲス······························· 24
枝豆のフリッター ···················· 109

パン

ショートブレッド ····················· 38
ケルトスタイルのショートブレッド··· 60
ポーカランス ··························· 61
家庭用または修道院のパン ············ 106

ソース

ヒポクラテス・ソース ·················· 21
ストロベリーポタージュ··············· 90
洋ナシのワインシロップ··············· 93

デザート

バレンタイン祭の「ケーキ」········· 36
エンバーデイ・タルト ················· 40
ワンバウンドケーキ···················· 56
レモンケーキ ··························· 58
ワッフル ································· 62
レモンのフリッター···················· 64
クリッピー ······························ 65
スノー＆スノートッピング············· 66
ファインケーキ ························ 68
サンボケード ··························· 70
アップルムース·························· 78
リンゴのタルト ························· 82
ロイヤルパイクラスト ················· 84
アニスとリンゴのタルト ··············· 86
ベリーのタルト ························ 92
洋ナシのコンフォート ················· 94
マジパンの装飾菓子···················· 119

飲物

ヒポクラテスの袖 ······················ 18
ラムズ・ウール························· 80

スパイス・ハーブ・調味料索引

アーモンドミルク

アップルムース·························· 78
ストロベリーポタージュ ··············· 90

赤ワイン

ヒポクラテスの袖······················· 18
ヒポクラテス・ソース ·················· 21
小鳥の墓 ································ 28
スノー＆スノートッピング ············· 66
ストロベリーポタージュ··············· 90
ベリーのタルト························· 92
洋ナシのワインシロップ ··············· 93
洋ナシのコンフォート ················· 94

赤ワインビネガー

アスパラガスのサラダ·················· 22
ストロベリーポタージュ ··············· 90

アニス／アニスシード

サーモンパイ ··························· 34
アニスとリンゴのタルト ··············· 86
王様好みのソテー····················· 114

イタリアンパセリ

中世風サラダ ··························· 19

エルダーフラワー

サンボケード ··························· 70

オールスパイス

ショートブレッド······················· 38

ガランガル

ストロベリーポタージュ ··············· 90

152

カルダモン
ヒポクラテスの袖‥‥‥‥‥‥‥‥‥ 18
ショートブレッド‥‥‥‥‥‥‥‥‥ 38
金のリンゴ‥‥‥‥‥‥‥‥‥‥‥ 120

カレントレーズン
ショートブレッド‥‥‥‥‥‥‥‥‥ 38
エンバーデイ・タルト‥‥‥‥‥‥‥ 40
ワンパウンドケーキ‥‥‥‥‥‥‥‥ 56
リンゴのタルト‥‥‥‥‥‥‥‥‥‥ 82
ストロベリーポタージュ‥‥‥‥‥‥ 90
金のリンゴ‥‥‥‥‥‥‥‥‥‥‥ 120

キャラウェイシード
バレンタイン祭の「ケーキ」‥‥‥‥ 36

クミン
クミンのスープ‥‥‥‥‥‥‥‥‥‥ 20

クローブ
ヒポクラテス・ソース‥‥‥‥‥‥‥ 21
ファンゲス‥‥‥‥‥‥‥‥‥‥‥‥ 24
ケルトスタイルのショートブレッド‥‥ 60
ファインケーキ‥‥‥‥‥‥‥‥‥‥ 68
ラムズ・ウール‥‥‥‥‥‥‥‥‥‥ 80
リンゴのタルト‥‥‥‥‥‥‥‥‥‥ 82
チキンソテー・オレンジソース添え‥‥ 88
ベリーのタルト‥‥‥‥‥‥‥‥‥‥ 92
洋ナシのワインシロップ‥‥‥‥‥‥ 93
お肉のボール‥‥‥‥‥‥‥‥‥‥ 108
枝豆のフリッター‥‥‥‥‥‥‥‥ 109
金のリンゴ‥‥‥‥‥‥‥‥‥‥‥ 120

サフラン
エンバーデイ・タルト‥‥‥‥‥‥‥ 40
レモンケーキ‥‥‥‥‥‥‥‥‥‥‥ 58
ファインケーキ‥‥‥‥‥‥‥‥‥‥ 68
アップルムース‥‥‥‥‥‥‥‥‥‥ 78
アニスとリンゴのタルト‥‥‥‥‥‥ 86
ストロベリーポタージュ‥‥‥‥‥‥ 90

ベリーのタルト‥‥‥‥‥‥‥‥‥‥ 92
王様好みのソテー‥‥‥‥‥‥‥‥ 114
マジパンの装飾菓子‥‥‥‥‥‥‥ 119
金のリンゴ‥‥‥‥‥‥‥‥‥‥‥ 120

シナモン
ヒポクラテスの袖‥‥‥‥‥‥‥‥‥ 18
ヒポクラテス・ソース‥‥‥‥‥‥‥ 21
ファンゲス‥‥‥‥‥‥‥‥‥‥‥‥ 24
バレンタイン祭の「ケーキ」‥‥‥‥ 36
ショートブレッド‥‥‥‥‥‥‥‥‥ 38
レモンケーキ‥‥‥‥‥‥‥‥‥‥‥ 58
ケルトスタイルのショートブレッド‥‥ 60
ポーカランス‥‥‥‥‥‥‥‥‥‥‥ 61
スノー＆スノートッピング‥‥‥‥‥ 66
ラムズ・ウール‥‥‥‥‥‥‥‥‥‥ 80
リンゴのタルト‥‥‥‥‥‥‥‥‥‥ 82
ストロベリーポタージュ‥‥‥‥‥‥ 90
洋ナシのワインシロップ‥‥‥‥‥‥ 93
金のリンゴ‥‥‥‥‥‥‥‥‥‥‥ 120

セージ
小鳥の墓‥‥‥‥‥‥‥‥‥‥‥‥ 28
サーモンパイ‥‥‥‥‥‥‥‥‥‥‥ 34
エンバーデイ・タルト‥‥‥‥‥‥‥ 40

白ワイン
コッド（タラ）‥‥‥‥‥‥‥‥‥‥ 23

白ワインビネガー
バリダ‥‥‥‥‥‥‥‥‥‥‥‥‥ 112

ジンジャー
ヒポクラテスの袖‥‥‥‥‥‥‥‥‥ 18
ヒポクラテス・ソース‥‥‥‥‥‥‥ 21
サーモンパイ‥‥‥‥‥‥‥‥‥‥‥ 34
ショートブレッド‥‥‥‥‥‥‥‥‥ 38
ケルトスタイルのショートブレッド‥‥ 60
ポーカランス‥‥‥‥‥‥‥‥‥‥‥ 61
スノー＆スノートッピング‥‥‥‥‥ 66

ラムズ・ウール……………………… 80
チキンソテー・オレンジソース添え…… 88
ストロベリーポタージュ …………… 90
ベリーのタルト……………………… 92
洋ナシのワインシロップ …………… 93
洋ナシのコンフォート ……………… 94
金のリンゴ………………………… 120

タイム
小鳥の墓……………………………… 28
バレンタイン祭の「ケーキ」………… 36

粒マスタード
コッド（タラ）……………………… 23

ナツメグ
ヒポクラテス・ソース ……………… 21
バレンタイン祭の「ケーキ」………… 36
レモンケーキ ………………………… 58
ケルトスタイルのショートブレッド…… 60
リンゴのタルト……………………… 82

にんにく
小鳥の墓……………………………… 28
ホロホロ鳥の蒸し煮 ………………… 30
お肉のボール ……………………… 108
枝豆のフリッター ………………… 109

パウダーフォート
ファンゲス ………………………… 24

バジル
中世風サラダ ………………………… 19
レンズ豆と鶏肉の煮込み …………… 26

パセリ
サーモンパイ ………………………… 34
エンバーデイ・タルト ……………… 40
王様好みのソテー ………………… 114

ハチミツ
レモンケーキ ………………………… 58

ポーカランス ………………………… 61
クリッピー ………………………… 65
アップルムース …………………… 78
アニスとリンゴのタルト …………… 86
ベリーのタルト……………………… 92
家庭用または修道院のパン ……… 106
王様好みのソテー ………………… 114

フェンネルシード
王様好みのソテー ………………… 114

ムリ
バリダ………………………………… 112
王様好みのソテー ………………… 114

メイス
ファインケーキ …………………… 68

レッドサンダルウッド
アップルムース …………………… 78
マジパンの装飾菓子 ……………… 119
金のリンゴ………………………… 120

ローズウォーター
ワッフル……………………………… 62
スノー＆スノートッピング ………… 66
ファインケーキ …………………… 68
サンボケード ………………………… 70
マジパンの装飾菓子 ……………… 119
金のリンゴ………………………… 120

ローズマリー
小鳥の墓……………………………… 28
ホロホロ鳥の蒸し煮 ………………… 30
バレンタイン祭の「ケーキ」………… 36

ローレル
ホロホロ鳥の蒸し煮 ………………… 30
ミンチ肉のやわらか煮……………… 32

参考文献

『ヨーロッパの祝祭典：中世の宴とグルメたち』マドレーヌ・P.コズマン 著／加藤恭子、山田敏子 訳／原書房

『中世の饗宴：ヨーロッパ中世と食の文化』マドレーヌ・P.コズマン 著／加藤恭子、平野加代子 訳／原書房

『中世貴族の華麗な食卓：69のおいしいレセピー』マドレーヌ・P.コズマン 著／加藤恭子、和田敦子 訳／原書房

『味覚の歴史：フランスの食文化-中世から革命まで』バーバラ・ウィートン 著／辻美樹 訳／大修館書店

『中世の食生活：断食と宴』ブリジッド・アン・ヘニッシュ 著／藤原保明 訳／法政大学出版局

『「塩」の世界史：歴史を動かした、小さな粒』マーク・カーランスキー 著／山本光伸 訳／扶桑社

『図説中世ヨーロッパの暮らし』河原温、堀越宏一 著／河出書房新社

『牛肉と子牛肉の料理（ザ・グッド・クック）』タイムライフブックス

『豚肉料理（ザ・グッド・クック）』タイムライフブックス

『野鳥と猟獣の料理（ザ・グッド・クック）』タイムライフブックス

『ラム肉料理（ザ・グッド・クック）』タイムライフブックス

『世界の料理　中東料理』タイムライフブックス

『ヨーロッパの郷土菓子：新しい美味しさの発見』河合重久 著／旭屋出版

『MARGUERITE PATTEN'S INTERNATIONAL COOKERY COLOR』MARGUERITE PATTEN 著／The Hamlyn Publishing

『Kochen wie im Mittelalter』Allerley Schlemmerey 著／Regionalia Verlag

『西洋中世ハーブ事典』マーガレット・B.フリーマン 著／遠山茂樹 訳／八坂書房

『ハーブの図鑑』萩尾エリ子 著／池田書店

『ハーブベストセレクション150：選び方から楽しみ方まですべてがわかるハーブガイド』日本文芸社

『癒しのお香』長谷川弘江 監修／カーリン・ブランドル 著／畑澤裕子 訳／産調出版

『愛と歌の中世：トゥルバドゥールの世界』ジャンヌ・ブーラン、イザベル・フェッサール 著／小佐井伸二 訳／白水社

『中世騎士物語（Truth In Fantasy28）』須田武郎 著／新紀元社

『幻想都市物語〈中世編〉（Truth In Fantasy5）』醍醐嘉美と怪兵隊 著／新紀元社

『ベリー候の豪華時祷書』レイモン・カザル 著／木島俊介 訳／中央公論社

『THE MIDDLE AGES The Illustrated History of the Medieval World』ANITA BAKER 著／CARLTON BOOKS

『フランス国立クリュニー博物館所蔵　貴婦人と一角獣』NHKプロモーション（展示会図録）

繻　鳳花（コストマリー事務局）

中世西欧料理研究家。西欧歴史文化体験企画「コストマリー事務局」主宰。
主に中世ヨーロッパ時代にあった料理解析や日本でも入手可能な食材を用
いたアレンジ料理レシピ研究を中心に活動。
近年は国内の屋内外施設を利用した、自然との共存を主とした西洋歴史再
現企画／西洋ファンタジーイベント企画運営、西洋歴史料理監修／西洋フ
ァンタジー料理監修等にも携わっている。

著書（主に同人誌）：
『中世西欧料理指南』『深き西洋中世の食レシピ』シリーズ　など

Twitter　@shuhohka
Instagram　@costmary_moyan
HP　http://woodruff.press.ne.jp

中世ヨーロッパのレシピ

2018年12月25日　初版発行　　2023年6月30日　2刷発行

著者	コストマリー事務局 繻鳳花（しゅ ほうか）
写真	繻鳳花／司波章（Akira Shiba）
編集	株式会社新紀元社 編集部 川口妙子
デザイン・DTP	株式会社明昌堂
発行者 発行所	福本皇祐 株式会社新紀元社 〒101-0054　東京都千代田区神田錦町1-7 錦町一丁目ビル2F TEL:03-3219-0921 FAX:03-3219-0922 http://www.shinkigensha.co.jp/ 郵便振替　00110-4-27618
印刷・製本	中央精版印刷株式会社

ISBN978-4-7753-1655-9
定価はカバーに表示してあります。
Printed in Japan